Häkeln

Dorothea Neumann

Mode & Accessoires

Häkeln

Dorothea Neumann

Mode & Accessoires

AUGUSTUS

Inhalt

Vorwort

Liebe Leserin,

endlich hat auch die Mode die schöne Handarbeitstechnik Häkeln wieder entdeckt. Was lange Zeit nur an Deckchen oder Gardinen im Wohnbereich zur Anwendung kam, zeigt sich nun auch wieder im Straßenbild: knappe Tops, Kappen, Pullis, Taschen – und alles gehäkelt!

Lassen Sie sich anregen von den Häkel-Ideen in diesem Buch! Wir zeigen Ihnen modische Accessoires, die mit wenig Arbeitsaufwand schnell fertig werden. Aber auch anspruchsvollere Pullis und Tops, für die Sie nach getaner Arbeit mit Sicherheit viel Anerkennung bekommen, sind dabei.

Aufgepeppt werden einige Modelle durch Perlen, die gleich am Anfang aufs Garn gefädelt und dann einfach eingehäkelt werden (Seite 40). Noch einfacher geht es mit aufgenähten Perlenborten wie beim Bikini auf Seite 20. Denn auch der Häkelbikini feiert sein Comeback – ganz edel in Schwarz/Gold macht er beim Sonnenbaden jedem gekauften Bikini Konkurrenz. Und das Oberteil solo unter einer offenen Jacke oder Bluse getragen, veredelt das Abendoutfit. Gleich passend dazu die kleine Häkeltasche mit „Durchblick" auf Seite 18.

Die Häkelkappen mit Netzmuster auf Seite 14 passen sich jeder Kopfgröße an, und können deshalb auch in unterschiedlichen Materialien

gearbeitet werden. Die Dekoration lässt sich ebenfalls variieren. Ein absoluter Klassiker ist die Häkelstola. Hier haben Sie die Auswahl zwischen einem einfachen Netzmuster (Seite 12) und einem Schal aus 45 Häkelquadraten in verschiedenen Farben (Seite 10).

Für die kleinen Mädchen, die sich gerne wie ihre Mama kleiden, haben wir drei tolle Modelle ausgesucht: eine rosa Jacke, nur aus Blüten gehäkelt (Seite 26), einen bunten Ringelpulli mit überschnittener Schulter (Seite 36) – genau so einen gibt es für die Mama! – und eine blaue Jacke im Filetmuster mit kleinen Blüten (Seite 36).

Die weißen Damenpullover, die durch ihre verspielten Details auffallen (Seite 38 und 46), sehen mit Sicherheit auch in einer anderen Farbe toll aus. Ob Sie ein knappes Top oder lieber einen Pullover mit langen Ärmel tragen, in diesem Buch haben Sie die Auswahl.

Auch wenn Sie sofort beginnen möchten, sollten Sie die Grundregeln auf den folgenden Seiten beachten, damit Ihre Handarbeit auch wirklich gut gelingt.

Viel Spaß dabei wünscht Ihnen Ihre

Dorothea Neumann

Garn

Verwenden Sie immer Qualitätsgarn, denn nur dann werden Sie wirklich Freude an Ihrem Werk haben. Die Garne in diesem Buch stammen alle von Schachenmayr. Selbstverständlich können Sie die Modelle auch mit anderen Garnen nacharbeiten; achten Sie dann aber auf eine ähnliche Zusammensetzung und Lauflänge. Wenn Sie unsicher sind, lassen Sie sich im Fachhandel beraten.

Nadeln

Ob Sie Häkelnadeln aus Metall – blank, grau beschichtet oder gar vergoldet –, Bambus oder Edelholz vorziehen, ist Geschmacksache. Keine Kompromisse sollten Sie jedoch bei der Qualität eingehen: Hier sind Markenartikel die beste Wahl. Mit einem schlechten Werkzeug kann man nur mit Mühe eine gute Handarbeit fertigstellen, und anstelle von Spaß und Entspannung entsteht Frust. Die in der Anleitung oder auf den Banderolen der Garne angege-benen Nadelstärken sind immer nur Richtwerte. Deshalb ist eine Maschenprobe wichtig.

Maschenprobe

Bei der Wahl der richtigen Nadelstärke sollten Sie sich nie auf Ihr Augenmaß oder die Angaben in der Anleitung verlassen, sondern stets eine Maschenprobe mit dem Originalgarn und dem entsprechenden Häkelmuster anfertigen. Nur dann können Sie entscheiden, welche Nadelstärke für Sie die richtige ist. Auch wenn Sie noch so gern sofort anfangen würden – die Maschenprobe muss sein, damit später die Größe auch wirklich stimmt. Wenn Sie erst einmal ein ganzes Stück wieder aufgetrennt haben, weil es viel zu groß oder zu klein geraten war, werden Sie nie wieder auf die Probe verzichten!

Arbeiten Sie also ein 12 x 12 cm großes Quadrat im angegebenen Muster mit Originalgarn und -nadeln. Diese Probe feuchten Sie an, spannen sie leicht und lassen sie trocknen. Im 10 x 10 cm großen Mittelstück Ihres Probeläppchens zählen Sie dann Maschen und Reihen aus. Randmaschen, Anschlag- und Abkettreihen bleiben dabei unberücksichtigt, denn sie würden die Werte verfälschen. Vergleichen Sie Ihre Maße mit den Angaben in der Anleitung. Haben Sie mehr Maschen und Reihen gebraucht, müssen Sie zu einer dickeren Häkelnadel wechseln. Wenn Sie mit weniger Maschen und Reihen auf 10 x 10 cm auskommen, verwenden Sie eine dünnere Häkelnadel.

Abkürzungen

Fb	= Farbe(n)
Feste M	= feste Masche(n)
Luftm	= Luftmasche(n)
Kettm	= Kettmasche(n)
Nd	= Nadel(n)
M	= Masche(n)
R	= Reihe(n)
Rd	= Runde(n)
wdh.	= wiederholen

Häkelschrift

Unsere Modelle sind durch die übersichtlichen Häkelschriften einfach nachzuarbeiten, deshalb reichen Grundkenntnisse in der Häkeltechnik. Für jede Häkelmasche, wie z. B. Luftmasche, Kettmasche, feste Masche, Stäbchen gibt es das entsprechende Häkelzeichen. Die Erklärung für diese Zeichen stehen immer bei der jeweiligen Häkelschrift, so können Sie ganz bequem und ohne zu blättern das Muster nacharbeiten, und es entfallen lange Anleitungstexte.

Aus einer Häkelschrift ist die Reihenfolge, in der die unterschiedlichen Maschen auszuführen sind, ablesbar. Gleichzeitig verdeutlicht sie, wie Maschen bzw. Maschengruppen neben- und übereinander stehen müssen. Meist ist auch die Form der Häkelarbeit aus dieser Anordnung schon erkennbar.

In der Regel wiederholt sich eine bestimmte Maschengruppierung. Solch ein Abschnitt wird Mustersatz oder Rapport genannt und ist, wenn nötig, durch eine feine Linie in der Häkelschrift markiert.

Der Anfang einer Reihe oder Runde ist in der Häkelschrift mit einer Zahl versehen. Die Hinreihen sind von rechts nach links, die Rückreihen von links nach rechts zu lesen. Runden werden ebenfalls von rechts nach links gelesen.

Sind Häkelzeichen unten zu einer Spitze gezeichnet, werden die entsprechenden Maschen alle in die gleiche Einstichstelle gearbeitet. Sind Symbole oben zu einer Spitze gezeichnet, werden die entsprechenden Maschen zusammen abgemascht. Das bedeutet, jede Masche wird bis auf die letzte Schlinge abgehäkelt, und mit einem weiteren Umschlag werden alle auf der Häkelnadel befindlichen Schlingen zusammen abgemascht.

Wenn in der Vorreihe oder auch -runde Luftmaschen gehäkelt sind, werden Stäbchen oder andere Maschen in der folgenden Reihe stets um die Luftmaschen der Vorreihe gearbeitet.

Ab- und Zunahmen für feste Maschen

Ab- und Zunahmen bei Häkelteilen sind in erster Linie abhängig vom jeweiligen Häkelmuster des Modells; sie sind in der Anleitung beschrieben oder in der Häkelschrift eingezeichnet.

1 M zunehmen: Am Anfang der R 2 M in die 1. M der Vor-R, am R-Ende 2 M in die letzte M der Vor-R.
Mehrere M am R-Anfang zunehmen. Bereits am Ende der Vor-R für jede M 1 Luftm anschlagen + 1 Luftm zum Wenden, in die 2. Luftm von der Nadel aus die 1. M häkeln.
Mehrere M am R-Ende zunehmen: Jede M am Ende der R mit Fußschlinge häkeln: Dafür bei der 1. Zunahme in die letzte Einstichstelle stechen, 1 Schlinge holen, dann mit einem neuen Umschlag beide M abmaschen. Für jede weitere Zunahme in die untere Schlinge der Vor-M einstechen (= Fußschlinge), 1 Schlinge holen, dann mit einem neuen Umschlag beide M abmaschen.
1 M abnehmen: Am Anfang der R die 1. und 2. M zusammen abmaschen, am Ende der R die letzten beiden M zusammen abmaschen.

Spannen und Konfektionieren

Die richtige Form bekommen Ihre Häkelteile durch das Spannen. Hierfür eignet sich eine weiche Unterlage, wie zum Beispiel eine Styroporplatte, bestens. Spannen Sie die Teile nach den Schnittmaßen, feuchten Sie sie an und lassen Sie sie trocknen. Das ist ganz besonders wichtig bei den filigranen Spitzenmustern, denn nur so kommen sie richtig zur Geltung.

Anfangs- und Endfäden werden auf der Rückseite der Häkelarbeit möglichst unauffällig im Musterverlauf vernäht. Manchmal kann der Anfangsfaden auch gleich mit überhäkelt werden, so spart man das Vernähen zum Schluss.

Zusammengenäht werden die Häkelteile mit dem Originalgarn, nur bei Effektgarnen nimmt man ein farblich passendes, glattes Garn. Die Häkelkanten werden mit überwändlichen Stichen voreinander genäht, so bleiben die Nähte flach.

Pflege

Das fertige Modell, in das Sie soviel Zeit und Sorgfalt investiert haben, verdient beste Pflege. Wie das von Ihnen verwendete Garn gewaschen werden kann, steht auf der Banderole. Am besten heben Sie deshalb eine Banderole mit einem Stück Garn und einem Hinweis auf das gearbeitete Modell auf, um sich jederzeit wieder über die richtige Pflege informieren zu können. Wenn Sie Ihr Werk verschenken, legen Sie eine Banderole und einen Garnrest dazu – womöglich wird das Garn eines Tages zum Ausbessern gebraucht.

Tipps & Tricks

Oft werden die Kanten als Abschluss mit festen Maschen, Krebsmaschen oder Pikots behäkelt. Hier sind in den Anleitungen keine genauen Angaben vorgegeben, das richtet sich ganz individuell nach Ihrer persönlichen Vorstellung. Meistens möchte man jedoch die Kanten und den Halsausschnitt etwas einhalten und in Form bringen. Dafür gibt es zwei Möglichkeiten: Entweder jeweils 1 M der Vor-R übergehen oder 2 M zusammen abmaschen (= in die M der Vor-R einstechen und eine Schlinge durchholen, in die nächste M einstechen und eine Schlinge durchholen, dann beide Schlingen zusammen abmaschen).

Wenn Sie für ein Modell sehr viele Luftmaschen anschlagen müssen und somit auch leicht den Überblick über die M-Zahl verlieren, arbeiten Sie mit folgendem Trick: Ungefähr so viele Luftmaschen wie benötigt anschlagen und das Ende ca. 1 m lang abschneiden, dann mit einem neuen Faden die 1. Häkelreihe auf der 1. Luftmasche beginnen und das Muster nach Anleitung arbeiten. Haben Sie zu viele Luftmaschen gehäkelt, trennen Sie diese einfach auf; fehlen einige Luftmaschen, häkeln Sie sie schnell noch an.

Modische Accessoires

Stola

Größe
ca. 40 x 180 cm

Material
- Schachenmayr Mohana (35 % Baumwolle, 35 % Polyamid, 15 % Wolle, 15 % Kid Mohair, Lauflänge ca. 100m/50g),
  - 200 g in Navy (Fb 50)
  - 100 g in Linde (Fb 75)
  - 100 g in Ciel (Fb 54)
  - 50 g in Tanne (Fb 70)
- eine Häkelnadel Nr. 4 – 5

Grundmuster
Quadrate mit Luftm und Stäbchen nach der Häkelschrift arbeiten. Je Quadrat 4 Luftm anschlagen und mit 1 Kettm zum Ring schließen. Dann 1x die 1. – 3. Rd in der Farbfolge A oder B häkeln.

Farbfolge A: Je 1 Rd in Linde, Ciel und Navy häkeln.
Farbfolge B: Je 1 Rd in Ciel, Tanne und Linde häkeln.

Maschenprobe
Ein Quadrat = ca. 11,5 x 11,5 cm

Anleitung
23 Quadrate in der Farbfolge A und 22 Quadrate in der Farbfolge B = insgesamt 45 Quadrate häkeln. Danach abwechselnd die Quadrate A und B mit festen M zusammenhäkeln, siehe Schema. Der Schal ist 3 Quadrate breit und 15 Quadrate lang.
Danach den Schal in Navy wie folgt umhäkeln:
1. Rd: Den Faden anmaschen und 1 Luftm, dann feste M häkeln, die Rd mit 1 Kettm in die Luftm schließen.
2. Rd: 1 Luftm, 1 feste M, * in die folgende 4. M 9 Stäbchen, dann in die folgende 4. M 1 feste M häkeln, ab * wdh. Enden mit 9 Stäbchen und 1 Kettm in die Luftm.
Den Schal spannen, anfeuchten und trocknen lassen.

Zeichenerklärung
- ▲ = Kettmasche
- • = Luftmasche
- I = feste Masche
- ┬ = Stäbchen

Häkelschrift

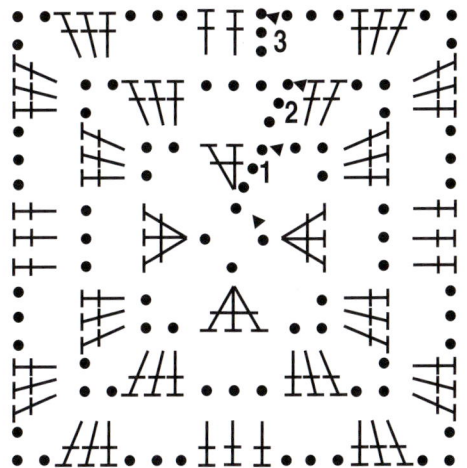

Schema

B	A	B
A	B	A

Weißer Netzschal

Größe
50 x 215 cm

Material
• Schachenmayr Softwool
(71 % Schurwolle,
29 % Polyamid,
Lauflänge ca. 140 m/50g)
• 200 g in Natur (Fb 01)
• eine Häkelnadel Nr. 4 – 5

Grundmuster
Luftm-Anschlag teilbar durch
6 + 5 + 1 Wende-Luftm.
Alle Reihen nach der Häkelschrift
arbeiten: 1 x die 1. – 5. R, dann die
2. – 5. R stets wdh und mit der 6.
und 7. R enden.

Maschenprobe
2 Rapporte in der Breite und
8 R = 10 x 10 cm

Anleitung
65 Luftm + 1 Wende-Luftm anschlagen und im Grundmuster häkeln. In
ca. 214 cm Höhe den Schal mit der
6. und 7. R beenden. Für die Fransen
ca. 30 cm lange Fäden, 6-fädig
gebündelt, an die unteren Kanten
knüpfen und diese gleichmäßig auf
ca. 12 cm zurückschneiden.

Zeichenerklärung

• = 1 Luftmasche

I = 1 feste Masche

‡ = 1 Doppel-Stäbchen

Häkelschrift

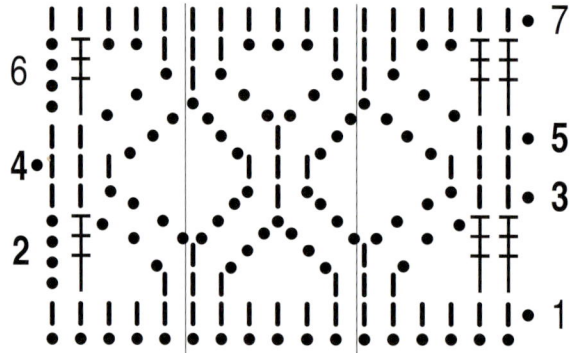

Kopftuch

Größe
25 x 68 cm

Material
- Schachenmayr Palazzo
  (55 % Baumwolle,
  25 % Polyamid, 20 % Viskose,
  Lauflänge ca. 140 m/50 g)
- 50 g in Weiß (Fb 01) oder
  in Orchidee (Fb 33)
- eine Häkelnadel Nr. 3,5 – 4

Grundmuster
Zuerst das Bindeband nach der
Häkelschrift arbeiten. Hierfür 7 Luftm
anschlagen und in die 4. Luftm
von der Nadel aus das 1. Stäbchen
häkeln = 4 Stäbchen und 3 Wende-
Luftm pro Reihe.
Anschließend das Karomuster nach
der Häkelschrift anhäkeln.

Maschenprobe
23 M und 12 R = 10 x 10 cm

Anleitung
Ein ca. 68 cm langes Band nach der
Häkelschrift arbeiten, das Band mit
einer ungeraden R-Zahl beenden.
Über die mittleren 51 R des Bandes
das Karomuster nach der Häkelschrift arbeiten, dabei wird in jeder R
beidseitig 1 Karo abgenommen.

Zeichenerklärung

► = Kettmasche   I = Kettmasche
• = Luftmasche   ⊤ = Luftmasche

Tipp
Das rosafarbene Kopftuch
(in der Garnfarbe Orchidee)
auf Seite 27 wird genauso
gehäkelt!

Häkelschrift

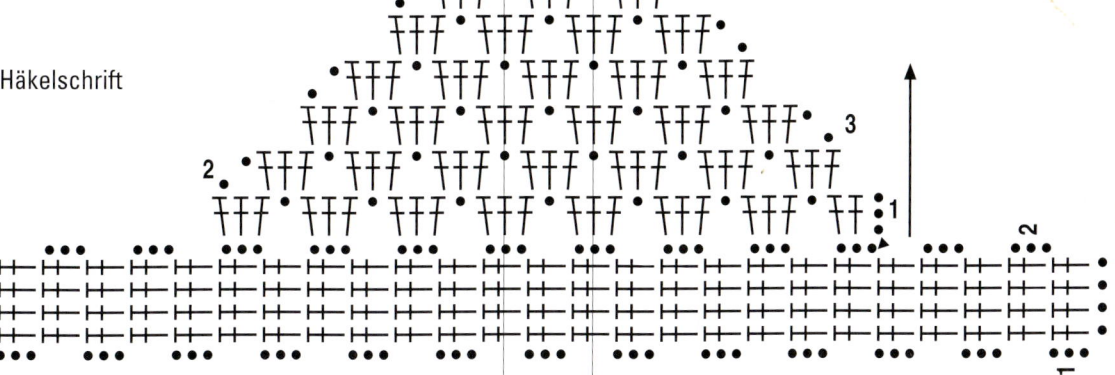

Netzkappe mit Blüten

Material
- Schachenmayr Catania (100 % Baumwolle, Lauflänge ca. 125 m/50 g)
  - 50 g in Hellblau (Fb 173)
  - je 50 g oder Reste in Sonne (Fb 208), Orchidee (Fb 222), Cyclam (Fb 114), Apfel (Fb 205) und Pfau (Fb 146)
- eine Häkelnadel Nr. 2,5 – 3

Netzkappe mit Perlen

Material
- Schachenmayr Solero (100 % Polyamid/Tactel Microfaser, Lauflänge ca. 225 m/50 g)
  - 50 g in Bleu (Fb 53)
- drei Döschen (= 30 g) farblich passende Rocailles, 5 mm Ø (z.B. von Prandell, Art. 5521 151)
- eine Häkelnadel Nr. 3
- eine Sticknadel ohne Spitze

Tipp

Die passenden Tops zu den Häkelkappen finden Sie auf Seite 40 und 44.

Kopfweite

54 – 60 cm

Grundmuster

Das Netzmuster nach der Häkelschrift I arbeiten: 10 Luftm anschlagen und mit 1 Kettm zum Ring schließen.

1. Rd: Als Ersatz für das 1. Stäbchen 4 Luftm häkeln, dann stets 1 Stäbchen und 1 Luftm im Wechsel häkeln. Die Rd mit 1 Kettm in die 3. Luftm schließen.

2. Rd: 1 Kettm auf die folgende Luftm häkeln und weiter nach der Häkelschrift arbeiten. Die 2. Rd mit einer festen M in die Kettm schließen. Die 3. und 4. Rd mit je einem halben Stäbchen, die 5. und 6. Rd mit je 1 Stäbchen, die 7. und 8. Rd mit je einem Doppel-Stäbchen und die 9. und 10. Rd mit je einem 3-fach-Stäbchen in die 1. Lm der Vor-Rd schließen.

Blüten

(2-farbig und 6-blättrig)

Nach der Häkelschrift II arbeiten. In einen Fadenring 3 Lm als Ersatz für das 1. Stäbchen, dann 11 Stäbchen häkeln = 12 M. Die Rd mit 1 Kettm schließen.

2. Rd und Farbwechsel: * 5 Luftm, dann 1 feste M zwischen 2 Stäbchen der Vor-Rd häkeln, ab * 5 x wdh.

3. Rd: Um jeden Luftm-Bogen der Vor-Rd 1 feste M, 1 Stäbchen, 1 Doppel-Stäbchen, 1 Luftm, 1 Doppel-Stäbchen, 1 Luftm, 1 Doppel-Stäbchen, 1 Stäbchen und 1 feste M häkeln. Die Rd mit einer Kettm schließen.

Den Anfangsfaden in den folgenden Rd einhäkeln, den Endfaden sehr lang lassen, um die Blüten aufzunähen.

Anleitung

Häkelkappe mit Blüten:

Das Netzmuster nach der Häkelschrift arbeiten. 1 x die 1. – 10. Rd, dann die 10. Rd bis zur gewünschten Größe ca. 6 – 8 x wdh. Als Abschluss anstelle von 10 Luftm nur 6 – 7 Luftm häkeln. Diese Rd mit 1 Rd Stäbchen behäkeln, dabei als Ersatz für das 1. Stäbchen 3 Luftm häkeln, um jeden Luftm-Bogen der Vor-Rd 6 oder 7 Stäbchen häkeln. Aus den bunten Garnresten ca. 10 – 11 Häkelblüten arbeiten und diese an die untere Kante nähen.

Häkelkappe mit Perlen:

Auf das Häkelgarn 325 Rocailles auffädeln (diese Menge reicht für 17 Häkelrunden und die Abschlusskante. Für jede weitere Runde werden 18 Rocailles zusätzlich benötigt). Das Netzmuster nach der Häkelschrift I arbeiten. Ab der 5. Rd wird über jeder festen M 1 Rocaille eingehäkelt. 1 x die 1. – 10. Rd, dann die 10. Rd bis zur gewünschten Größe ca. 6 – 8 x wdh.

Häkelschrift I

Als Abschluss anstelle von 10 Luftm nur 6 – 7 Luftm häkeln. Diese Rd mit 1 Rd Stäbchen von der linken Seite behäkeln, dabei als Ersatz für das 1. Stäbchen 3 Luftm häkeln. Um jeden Luftm-Bogen der Vor-Rd 6 oder 7 Stäbchen häkeln, dazwischen für die Perlenringe 5 Rocailles mit je 1 Luftm Zwischenraum einhäkeln und jeweils mit 1 Kettm zum Ring schliessen.

Zeichenerklärung

▲ = Kettmasche		† = Stäbchen	
• = Luftmasche		‡ = Doppel-Stäbchen	
I = feste M			
T = halbes Stäbchen		‡ = 3-fach-Stäbchen	

Häkelschrift II

Umhängetasche

Größe
ca. 27 cm breit und 25 cm hoch

Material
- Schachenmayr Boston
  (70 % Polyacryl, 30 % Schurwolle superwash, Lauflänge
  ca. 55 m/50 g)
  - 300 g in Anthrazit meliert
    (Fb 98)
- eine Häkelnadel Nr. 7 – 8
- zwei Metallknöpfe
- eine Schmuckperle

Grundmuster A
In Rd Stäbchen häkeln. Jede Rd
beginnt mit 3 Luftm und endet mit
1 Kettm in die 3. Anfangs-Luftm.
1. Rd: Stäbchen nur in die hinteren
Maschenglieder häkeln.
2. Rd: Stäbchen häkeln, dabei in
beide Maschenglieder einstechen.
Die 1. und 2. Rd stets wdh.

Grundmuster B
Ungerade Maschenzahl in Reihen
häkeln. An jedem Reihenende mit
1 Luftm wenden.
1. R: * 1 feste M, mit 1 Luftm die
folgende feste M übergehen,
ab * wdh, enden mit 1 festen M.
2. R: 1 feste M, * 1 feste M um
die Luftm der Vor-R, mit 1 Luftm die
folgende feste M übergehen, ab *
wdh, enden mit 1 feste M um die
Luftm und 1 feste M. Die 1. und 2. R
stets wdh.

Maschenproben
Grundmuster A:
9 M und 5 Rd = 10 x 10 cm
Grundmuster B:
10 M und 12 R = 10 x 10 cm

Anleitung
Mit dem Boden beginnen.
22 Luftm + 1 Wende-Luftm häkeln
und in Runden wie folgt weiterhäkeln:
1. Rd: 21 feste M, in die letzte Luftm
3 feste M, dann auf der Unterseite
der Luftm 20 feste M zurückhäkeln
und 2 feste M zu der 1. festen M
am Rundenbeginn häkeln = 46 M,
1 Kettm um die Wende-Luftm häkeln.
2. Rd: 1 Luftm, 22 feste M, 3 feste M
in die folgende M, 22 feste M, 3 feste
M in die folgende M = 50 M, 1 Kettm
in die Anfangs-Luftm.
3. Rd: 1 Umbruch-Rd häkeln: 1 Luftm,
dann über 50 M feste M häkeln, dabei bei jeder M von vorn nach hinten
um die Masche der Vor-Rd stechen.
Weiter in Runden für die Vorder- und
Rückseite über 50 M im Grundmuster
A 18 Rd = ca. 25 cm häkeln. Noch
1 Umbruch-Rd häkeln (siehe 3. Rd).

Für die **Taschenklappe** in Reihen wie
folgt weiterhäkeln:
1 Luftm, dann über 25 M im Grundmuster B häkeln. Nach 3 R im Grundmuster B 1 Umbruch-R häkeln:
*1 feste M um die feste M der Vor-R
(von vorn nach hinten um die M einstechen), 1 Luftm, ab * wdh, enden
mit 1 feste M (von vorn nach hinten
einstechen) um die letzte M der Vor-R.

Im Grundmuster B weiterhäkeln
und nach weiteren 14 R (in einer
2. Muster-R) für die Spitze mit den
Abnahmen beginnen. Dafür am
R-Anfang die feste M der Vor-R
übergehen und um die Luftm die
1. feste M häkeln, am R-Ende mit der
letzten Luftm die vorletzte feste M
und Luftm der Vor-R übergehen und
mit 1 festen M in die letzte feste M
der Vor-R enden. Diese Abnahmen
noch 10x in jeder folgenden R
wdh (Höhe der Taschenklappe ab
2. Bruch-R = ca. 21 cm).
Die Taschenklappe mit 1 R fester M
und 1 R Krebsmaschen (feste M,
jedoch von links nach rechts) umhäkeln. Eine ca. 9 cm lange Quaste
aus 10 Fäden anfertigen und mit der
Schmuckperle verbinden, dann an
die Klappenspitze nähen.

Für den **Träger** 120 Luftm + 1 Wende-
Luftm häkeln, dann 119 feste M, in
die letzte Luftm 3 feste M und auf
der Unterseite der Luftm 119 feste M
zurückhäkeln und 2 feste M in
folgende M, 1 Kettm in die Wende-
Luftm. Den Träger mit Krebsmaschen
umhäkeln. Beidseitig der Taschenklappe 1 Öse für den Träger häkeln:
Den Faden an der 1. Bruch-R anmaschen. 8 Luftm mit festen M umhäkeln. Durch jede Öse ein Träger-
ende ziehen und zusammennähen,
dabei jeweils einen Knopf annähen.

Größe
ca. 13 x 24 cm

Material
- Schachenmayr Starlight
  (75 % Polyacryl/Microfaser, 16 %
  metallisierte Fasern,
  9 % Polyester, Lauflänge
  ca. 45 m/25 g)
  • 75 g in Gold (Fb 82)
- eine Häkelnadel Nr. 4,5
- ein 18 cm langer Reißverschluss

Grundmuster
Stäbchen in Runden häkeln, dabei
als Ersatz für das 1. Stäbchen 3 Luftm
häkeln, und jede Rd mit 1 Kettm in
die 3. Luftm des Ersatz-Stäbchens
schließen.
Das Zackenmuster nach der Häkelschrift arbeiten; M-Zahl teilbar
durch 6.

Maschenprobe
17 M und 10 R = 10 x 10 cm

Anleitung
35 Luftm anschlagen und in die 4. M
von der Nadel aus das 1. Stäbchen
häkeln = 32 Stäbchen + 1 Ersatz-
stäbchen.
Diese Stäbchen-R ringsherum mit
Stäbchen behäkeln, dabei stets zwischen die Stäbchen stechen: 3 Luftm
als Ersatz für das 1. Stäbchen, dann
für die Rundung noch 5 Stäbchen um
das letzte Stäbchen der Vor-R häkeln,
30 Stäbchen, am anderen Ende für
die Rundung 6 Stäbchen in 1 Stäbchen, und noch 30 Stäbchen häkeln,
mit 1 Kettm die Rd schließen = 72 M.
2. Rd: Als Ersatz für das 1. Stäbchen
3 Luftm häkeln, an der Rundung beidseitig die 6 M der Vor-Rd verdoppeln

= stets 2 Stäbchen in eine Einstich-
stelle, dann auf jedes Stäbchen der
Vor-R 1 Stäbchen häkeln = 84 M.
Über diese 84 M 1 Rd Relief-Stäb-
chen häkeln: Hierfür die Stäbchen
stets von hinten um den Stäbchen-
Hals der Vor-Rd häkeln = Taschen-
boden.
Weiter im Grundmuster arbeiten
und nach 3 Rd 1x die 3 Rd nach der
Häkelschrift arbeiten. Noch 3 Rd
Grundmuster häkeln. 1 Rd Relief-
Stäbchen häkeln, dabei beidseitig
an der Taschenrundung 6 x 2 Stäb-

chen zusammen abmaschen = 72 M.
Noch 1 Rd Stäbchen häkeln, dabei
beidseitig an der Rundung noch
3 x 2 M zusammen abmaschen = 66 M.
In diese Öffnung den Reißverschluss
einnähen.
Für die **2 Träger** über die mittleren
20 M jeder Seite 3 Luftm-Ketten mit
je 38 Luftm häkeln, dann diese
3 Schnüre zusammenfassen und mit
ca. 40 – 44 festen M umhäkeln.
Den Taschenboden evtl. mit einem in
Form geschnittenen Pappstreifen
stabilisieren.

Häkelschrift

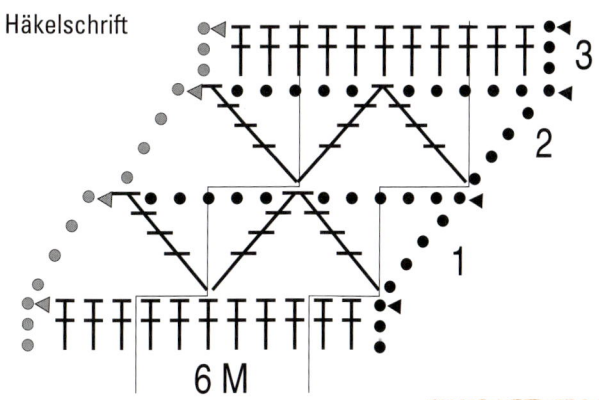

Zeichenerklärung

▲	= Kettmasche
•	= Luftmasche
†	= Stäbchen
‡	= Doppel-Stäbchen
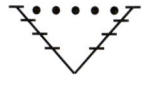	= ein 3-fach-Stäbchen, 5 Luftm, ein 3-fach-Stäbchen in die gleiche Eistichstelle
	= zwei zusammen abgemaschte 3-fach-Stäbchen

Größe
36 – 38

Material
- Schachenmayr Solero (100 % Polyamid/Tactel Microfaser, Lauflänge ca. 225 m/50 g)
- 100 g in Schwarz (Fb 99)
- Schachenmayr Starlight (75 % Polyacryl/Microfaser, 16 % metallisierte Fasern, 9 % Polyester, Lauflänge ca. 45 m/25 g)
- 50 g in Gold (Fb 82)
- Häkelnadeln Nr. 3 – 4 und Nr. 6 – 7
- ca. 35 cm Perlenborte (z. B. von Union Knopf)

Grundmuster I
2 R feste M in Schwarz und 1 R feste M mit Luftm in Gold nach der jeweiligen Häkelschrift arbeiten. Die R beginnt stets dort, wo der benötigte Faden hängt.

Grundmuster II (hinteres Höschenteil)
Feste M häkeln, dabei jede R mit 1 Luftm wenden.

Maschenproben (mit Häkelnadel Nr. 3 –4)
Grundmuster I:
22 M und 24 R = 10 x 10 cm
Grundmuster II:
20 M und 30 R = 10 x 10 cm

Anleitung
Bustierteil:
30 Luftm in Schwarz anschlagen und in die 2. M von der Nadel aus die 1. feste M häkeln. 1. R = 32 M. Weiter nach der Häkelschrift arbeiten. Nach 19 R als Abschluss noch 1 R Kettm häkeln.

Das 2. Bustierteil genauso arbeiten. An beiden Teilen die Anschlagkante schließen: Dafür die untere Kante der beiden Bustiers mit 1 R Kettm in Schwarz behäkeln (ca. 60 M), um die unregelmäßige Kante auszugleichen, und beide Bustierteile gleichzeitig miteinander verbinden. Über diese Kettm-R noch 4 R feste M arbeiten. Die Perlenborte unternähen.

Die 4 **Bindebänder** wie folgt arbeiten: Für jedes Bindeband werden vier 4 m lange Fäden in Schwarz benötigt. Je 2 Fäden zur Hälfte nehmen und an die beiden gekennzeichneten Stellen an der oberen Bustierkante (bzw. an die Schmalseiten der unteren Kante) anmaschen und 4-fädig 10 Luftm häkeln. Dann beide Luftm-Ketten zusammenhäkeln und 8-fädig mit der dickeren Häkelnadel noch 45 – 48 Luftm häkeln. Die Endfäden gleichmäßig auf ca. 1,5 cm zurückschneiden.

Höschen:

Vorderteil:
In einen Fadenring in Schwarz 7 feste M häkeln und die 1. R mit 1 Wende-Luftm beginnen.
1. R: 10 feste M laut Häkelschrift arbeiten.
1x die 1. – 10. R häkeln, dann die 5. – 10. R stets wdh, dabei die Zunahmen im gleichen Rhythmus arbeiten, d. h. es werden in jeder R stets 4 M zugenommen. Das Teil endet nach 28 R mit 2 R schwarz. Als Abschluss noch 1 R Kettm häkeln. Die obere Kante mit 1 R Kettm in Schwarz behäkeln (ca. 60 M), um die unregelmäßige Kante auszugleichen.Über diese Kettm-R noch 4 R feste M arbeiten.
Rückenteil:
Feste M in Schwarz häkeln. Hierfür 73 M anschlagen und in die 2. M von der Nadel aus die 1. feste M

häkeln = 72 M. Die Abnahmen wie folgt arbeiten: Beidseitig in jeder 10. R 2x 1 M, in jeder 6. R 3x 1 M, in jeder 4. R 3x 1 M, in jeder 2. R 6x 1 M, dann in jeder R noch 15x 1 M abnehmen = 14 M. Über diese 14 M bis zu einer Gesamthöhe von 33 cm häkeln. Die Seiten mit 1 R fester M behäkeln. Das Vorderteil mit der Spitze ca. 3 cm über das hintere Höschenteil legen und zusammennähen.

4 **Bindebänder** wie folgt arbeiten: Für jedes Band werden vier 2,5 m lange Fäden in Schwarz benötigt. Je 2 Fäden zur Hälfte nehmen und an die obere Kante anmaschen und 4-fädig 10 Luftm häkeln. Dann beide Luftm-Ketten zusammenhäkeln und 8-fädig mit der dickeren Häkelnadel noch ca. 25 Luftm häkeln. Die Endfäden gleichmäßig auf ca. 1,5 cm zurückschneiden.

Häkelschrift Bustierteil

Schnitte

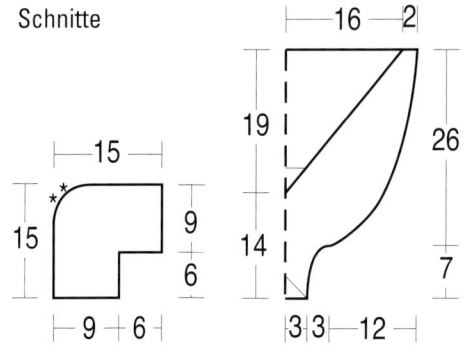

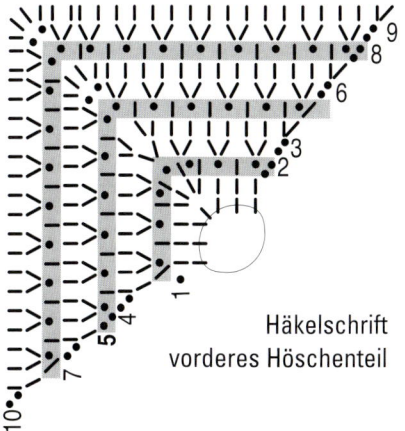

Häkelschrift
vorderes Höschenteil

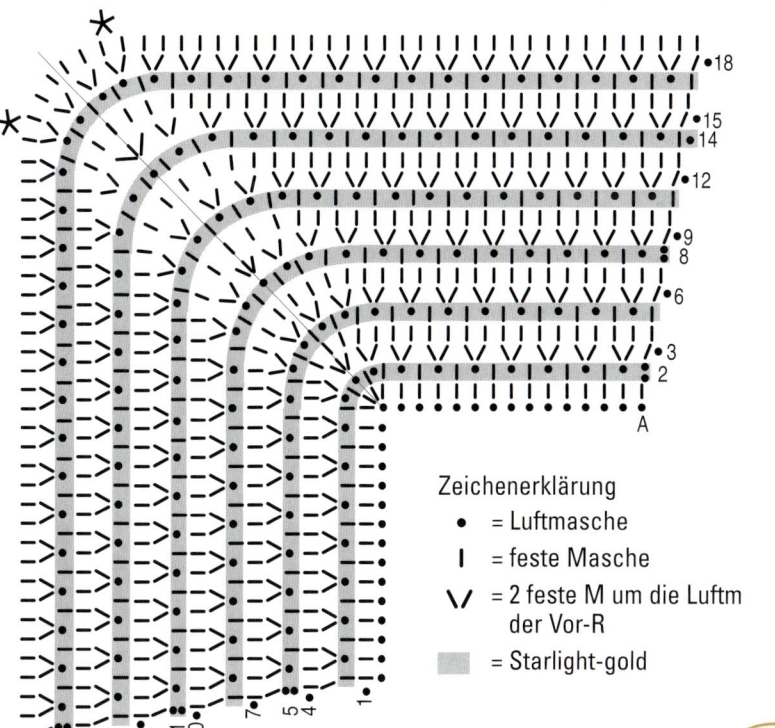

Zeichenerklärung

- • = Luftmasche
- I = feste Masche
- V = 2 feste M um die Luftm der Vor-R
- ▨ = Starlight-gold

Trendige Häkelmode

Größe

34 – 36 und 40 – 42
Die Angaben für Größe 40 – 42 stehen
in Klammern. Ist nur eine Angabe vorhanden, gilt diese für beide Größen.

Material

- Schachenmayr Softwool
  (71 % Schurwolle, 29 % Polyamid, Lauflänge ca. 140 m/50g)
- 300 (350) g in Terracotta
  (Fb 27) oder in Natur (Fb 02)
- eine Häkelnadel Nr. 6 – 7

Tipp

Auf dem Umschlag dieses Buches
sehen Sie dasselbe Modell, aber
in Weiß!

Grundmuster

In Hin- und Rück-R nach den Häkelschriften arbeiten, dabei wie
gezeichnet beginnen, den Rapport
zwischen den Doppelpfeilen stets
wdh und wie gezeichnet enden. 1x
die 1. – 5. R häkeln, dann die
2. – 5. R stets wdh.

Maschenprobe

1 Rapport = 10 cm und 4 R
(Rapporthöhe) = 5,5 cm

Anleitung

Rückenteil:
73 (89) Luftm + 3 Wende-Luftm
anschlagen. Im Grundmuster nach
der Häkelschrift für das Rückenteil
arbeiten: 1x die 8 M vor dem
Doppelpfeil, 4 (5)x den Rapport, 1 M
nach dem Rapport.
Nach 35 R = ca. 48 cm ist das
Rückenteil beendet.

Pullover mit Blütenmuster

Vorderteil:

73 (89) Luftm + 3 Wende-Luftm anschlagen. Im Grundmuster nach der Häkelschrift für das Vorderteil arbeiten: 1x die 8 M vor dem Doppelpfeil, 4 (5)x den Rapport, 1 M nach dem Rapport.
Nach 35 R = ca. 48 cm ist das Vorderteil beendet.

Ärmel:

55 Luftm anschlagen und in die 11. Luftm von der Nadel aus das 1. Stäbchen häkeln. Weiter nach der Häkelschrift arbeiten, dabei den Rapport zwischen den Doppelpfeilen 2x arbeiten.
Die Ärmelschrägungen nach 23 (15) R = 31,5 (20,5) cm arbeiten. Hierfür für Grösse 34 – 36 1x die 24. – 37. R, für Grösse 40 – 42 1x die 24. – 37. R und 1x die 24. – 31. R nach der Häkelschrift arbeiten. Beide Ärmel gleich arbeiten.

Ausarbeitung:

Die Teile nach dem Schnitt spannen, anfeuchten und trocknen lassen. Für die Schultern den jeweils äußeren Rapport (einen Rapport und einen halben Rapport) zusammennähen. Die Ärmel annähen, dann Seiten- und Ärmelnähte schließen. Für den Kragen über insgesamt 5 Rapporte noch 8 Rd im Grundmuster häkeln, dabei jede Rd mit 3 Luftm anstelle des 1. Stäbchen beginnen und mit 1 Kettm in die 3. Luftm enden. Den Kragen zur Hälfte nach innen nähen.

Zeichenerklärung

- • = Luftmasche
- I = feste Masche
- ‡ = Stäbchen
- V = 1 feste M um die beiden Luftmaschen 2 R tiefer einstechen
- = 3 zusammen abgemaschte Stäb, 2 Luftm, 3 zusammen abgemaschte Stäb in die gleiche Einstichstelle

Häkelschrift Ärmel

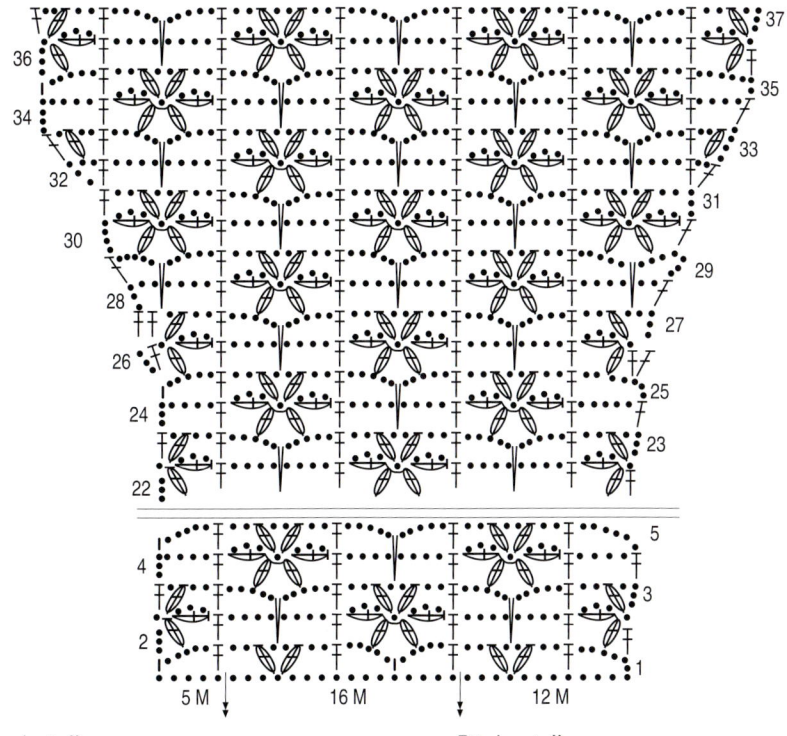

Vorderteil

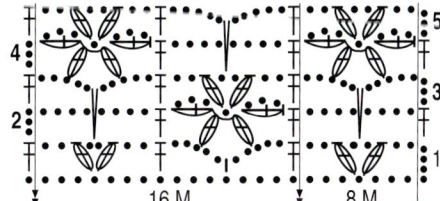

Rückenteil

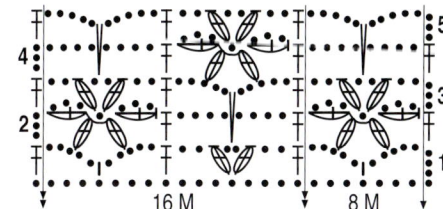

 = 3 Luftmaschen und 2 Stäbchen zusammen abgemascht in die Luftm bzw. das Stäb davor häkeln, um den Luftm-Bogen der Vor-R 3 Stäb bis auf die letzte Schlinge abmaschen und in den folgenden Luftm-Bogen noch einmal 3 Stäb bis auf die letzte Schlinge abmaschen. Nun den Faden durch die 9 Schlingen ziehen und als Abschluss 1 Luftm häkeln. Danach 3 Luftm und 2 Stäb zusammen abgemascht in diese Abschluss-Luftm häkeln.

 = 3 Luftm und 2 Stäbchen bis auf die letzte Schlinge abmaschen in die Luftm bzw. das Stäb davor häkeln, um den Luftm-Bogen der Vor-R 3 Stäb bis auf die letzte Schlinge abmaschen und den Faden durch alle 6 Schlingen ziehen und als Abschluss 1 Luftm häkeln.

= 3 zusammen abgemaschte Stäb in die gezeichnete Einstichstelle häkeln, als Abschluss 1 Luftm häkeln. Danach 3 Luftm und 2 Stäb zusammen abgemascht in diese Abschluss-Luftm häkeln.

Schnitte

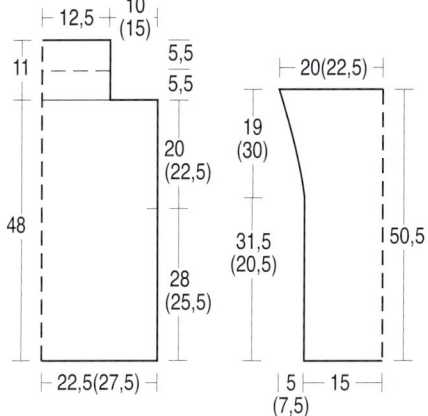

Rosa Kinderjacke

Kindergröße
104

Material
- Schachenmayr Palazzo (55 % Baumwolle, 25 % Polyamid, 20 % Viskose, Lauflänge ca. 140 m/50 g)
- 300 g in Orchidee (Fb 33)
- eine Häkelnadel Nr. 3,5 – 4
- sechs Knöpfe (Union Knopf Art. 43686, Fb 46)

Grundmuster
Die Blüten nach der Häkelschrift arbeiten. Jede Blüte beginnt mit einem Fadenring, 3 Luftm als Ersatz für das 1. Stäbchen, dann 11 Stäbchen häkeln = 1. Runde.
Ab der 2. Blüte die Motive in der 3. Rd/R aneinanderhäkeln.

Maschenprobe
1 Blüte: ca. 6 x 7 cm Ø

Anleitung
Nach der Häkelschrift und dem Schnitt arbeiten. Für die Breite 6 Blüten häkeln. Es gibt 3 verschiedene Formen (siehe Blüten 1, 2 und 3 in der Häkelschrift und im Schnitt), die Aufteilung ist auf dem Schnitt ersichtlich. Die halbe Blüte = Motiv 2 wird in R gehäkelt.
Die Vorderteile und das Rückenteil werden gleich beim Häkeln miteinander verbunden, es gibt keine Seitennaht. Die Ärmelnaht und die unteren Jackenkanten mit festen M, Luftm und Doppel-Stäbchen nach der Häkelschrift begradigen.

Ausarbeitung:
Die Teile nach dem Schnitt spannen, anfeuchten und trocknen lassen. Die Ärmelnaht schließen. Die Ärmelkante und die Jackenkanten ringsherum mit 3 – 4 Rd fester M behäkeln, dabei an den Ecken 2 oder 3 feste M auf die Eck-M der Vor-Rd häkeln. Für den Schlingenverschluss am rechten Vorderteil in der letzten Runde jeweils über der Blütenmitte 1 Schlinge arbeiten: Bis 3 M über die Blütenmitte häkeln, 5 Lm häkeln und in die 4. feste M mit 1 Kettm zurückstechen, dann die Schlinge mit 7 festen M umhäkeln. Die Knöpfe annähen.

Zeichenerklärung

- ▲ = Kettmasche
- • = Luftmasche
- I = feste M
- O = die Motive mit Kettmaschen aneinander häkeln
- T = halbes Stäbchen
- 𝖳 = Stäbchen
- 𝖳 = Doppel-Stäbchen

Häkelschrift / Blüten

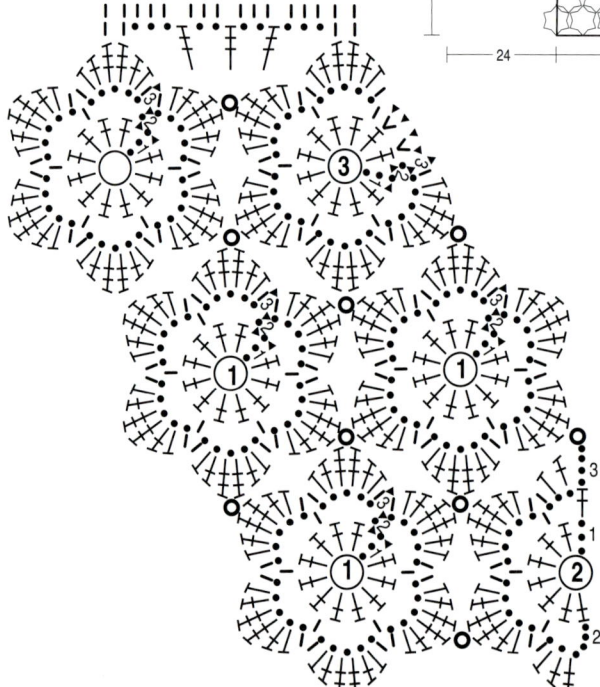

Motive aneinander häkeln
Die Schlinge der letzten M etwas größer ziehen und die Nadel aus der Schlinge nehmen. Die Nadel in das 1. Motiv einstechen, die Schlinge durchholen und anziehen, dann das 2. und alle folgenden Motive der Häkelschrift entsprechend weiterarbeiten.

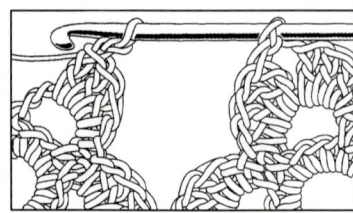

Schnitt

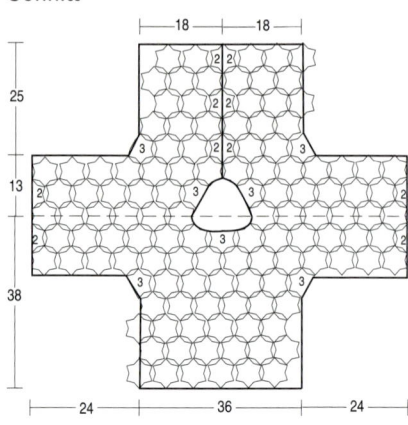

Rosa Damentop

Schnitt

```
├ 6 ┼ 6 ┼── 18(24) ──┼ 6 ┼ 6 ┤
```

42(48)

16 · 36 (links)
5 · 11 · 34 (rechts)

Größe

36 – 38 und 40 – 42
Die Angaben für Größe 40 – 42 stehen in Klammern. Ist nur eine Angabe vorhanden, gilt diese für beide Größen.

Material

- Schachenmayr Palazzo (55 % Baumwolle, 25 % Polyamid, 20 % Viskose, Lauflänge ca. 140 m/50 g)
- 300 (350) g in Orchidee (Fb 33)
- eine Häkelnadel Nr. 3,5 – 4

Grundmuster

Die Blüten für das Rückenteil nach der Häkelschrift bei der Kinderjacke arbeiten. Jede Blüte beginnt mit einem Fadenring, 3 Luftm als Ersatz für das 1. Stäbchen, dann 11 Stäbchen häkeln = 1. Runde.
Ab der 2. Blüte die Motive in der 3. Rd / R aneinanderhäkeln. Das kleine Strukturmuster für das Vorderteil nach der Häkelschrift unten arbeiten.

Maschenproben

1 Blüte: ca. 6 x 7 cm Ø
Strukturmuster: 20 M und 18 R = 10 x 10 cm

Häkelschrift / Strukturmuster

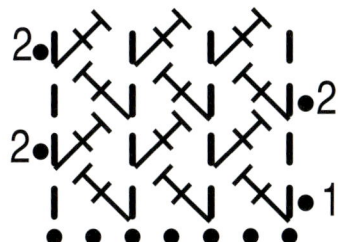

Anleitung

Rückenteil:

Nach den Häkelschriften und dem Schnitt arbeiten: Für die Breite 7 (8) Blüten häkeln. Es gibt 3 verschiedene Formen (siehe Blüten 1, 2 und 3 in der Häkelschrift und im Schnitt), die Aufteilung ist auf dem Schnitt ersichtlich. Die halbe Blüte = Motiv 2 wird in R gehäkelt. Die obere Kante mit festen M, Luftm und Doppel-Stäbchen nach der Häkelschrift begradigen.

Vorderteil:

84 (96) Luftm anschlagen und das kleine Strukturmuster häkeln = 83 (95) M. Nach 34 cm für die Armausschnitte beidseitig in jeder R 2x 3, 2x 2 und 2x 1 M unbehäkelt lassen = 59 (71) M.
Für den Halsausschnitt nach 45 cm die mittleren 11 M unbehäkelt lassen und beidseitig in jeder R 1x 4, 3x 2 und 2x 1 M abnehmen. Nach ca. 50 cm ist das Teil beendet. Die Ausschnittrundung mit 2 – 3 R fester M begradigen.

Ausarbeitung:

Die Teile nach dem Schnitt spannen, anfeuchten und trocknen lassen. Die Schulternähte schließen, die Armausschnitte mit 2 – 3 R fester M behäkeln. Die Seitennähte schließen.

Tipp

Die Anleitung für das Damenkopftuch finden Sie auf Seite 13.

Fliederfarbener Pullover mit V-Ausschnitt

Größe

36 – 38 und 40 – 42
Die Angaben für Größe 40 – 42 stehen
in Klammern. Ist nur eine Angabe vorhanden, gilt diese für beide Größen.

Material

• Schachenmayr Palazzo (55 %
  Baumwolle, 25 % Polyamid,
  20 % Viskose, Lauflänge
  ca. 140 m/50 g)
• 500 (600) in Krokus (Fb 44)
• eine Häkelnadel Nr. 3,5 – 4

Grundmuster

Nach der Häkelschrift arbeiten.
Luftm-Anschlag teilbar durch 3
(1 Musterrapport = 3 M).
Die 1. – 6. R stets wdh.

Maschenprobe

24 M und 11 R = 10 x 10 cm

Anleitung

Rückenteil:
108 (117) Luftm anschlagen und im
Grundmuster gerade hochhäkeln
= 35 (38) Musterrapporte + 2 Rand-M
= 107 (116) M.
Armausschnitt: Nach 41 (39) cm
beidseitig 1x 6 M unbehäkelt lassen
und über die mittleren 95 (104) M
weiterhäkeln. Nach 64 cm ist das Teil
beendet.

Vorderteil:
Wie das Rückenteil arbeiten, jedoch
für den V-Ausschnitt nach 41 cm
die Arbeit in der Mitte teilen und
beide Seiten getrennt beenden. Für
die Schräge in jeder R 24 (23)x 1 M
unbehäkelt lassen = 23 (29) M.
Nach 64 cm ist das Teil beendet.

Ärmel:
54 (63) Luftm anschlagen und
im Grundmuster häkeln = 17 (20)
Musterrapporte + 2 Rand-M
= 53 (62) M.
Schräge: Nach 8 R beidseitig 1x 1 M,
in jeder 2. R noch 20x 1 M zunehmen
= 31 (34) Musterrapporte + 2 Rand-M
= 95 (104) M. Nach 50 cm ist der
Ärmel beendet.

Ausarbeitung:
Die Teile nach dem Schnitt spannen,
anfeuchten und trocknen lassen.
Die Nähte zusammenhäkeln oder
-nähen. Den Halsausschnitt mit 1 Rd
fester M und 1 Rd Krebsmaschen
behäkeln (Krebsmaschen sind feste
M, sie werden jedoch von links nach
rechts gehäkelt).

Zeichenerklärung

• = Luftmasche

I = feste Masche

T = Stäbchen

‡ = Doppel-Stäbchen

⊕ = 3 zusammen abgemaschte
    Stäbchen

⋈ = Kreuzstäbchen: In die 1. Ein-
    stichstelle wie zu einem
    Doppel-Stäbchen einstechen,
    jedoch nur 1 Schlingenpaar
    von der Nadel abmaschen;
    in die 2. Einstichstelle wie zu
    einem Stäbchen einstechen,
    dann alle Schlingen paar-
    weise abmaschen; 1 Luftm,
    1 Stäbchen in die obenauf
    liegenden M-Glieder am
    Kreuzungspunkt.

Schnitte

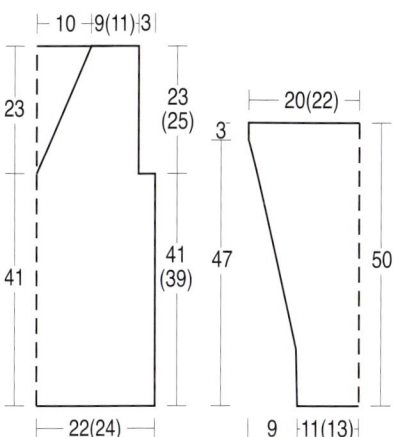

Häkelschrift

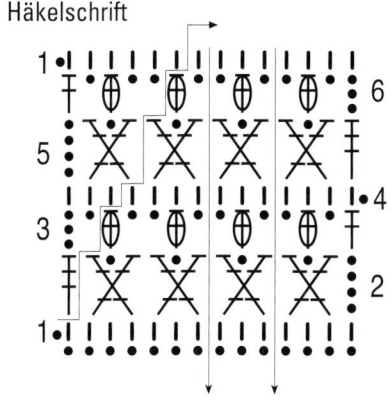

Weißes Top mit Blütenkante

Größe

36 – 38 und 40 – 42
Die Angaben für Größe 40 – 42 stehen in Klammern. Ist nur eine Angabe vorhanden, gilt diese für beide Größen.

Material

- Schachenmayr Palazzo (55 % Baumwolle, 25 % Polyamid, 20 % Viskose, Lauflänge ca. 140 m/50 g)
- 300 (350) g in Weiß (Fb 01)
- eine Häkelnadel Nr. 3,5 – 4

Grundmuster

Stäbchen häkeln, dabei jede R mit 3 Luftm als Ersatz für das 1. Stäbchen beginnen.
Die Blütenkante nach der Häkelschrift arbeiten. 1x die 1. – 7. R, dann die 2. – 7. R stets wdh.

Maschenprobe

20 M und 11 R = 10 x 10 cm

Anleitung

Achtung: Das Top wird quer in einem Stück gehäkelt!

Rückenteil:

63 (61) Luftm anschlagen und in die 5. Luftm von der Nadel aus das 1. Stäbchen häkeln. 49 (47) Stäbchen häkeln, dann mit 8 Luftm 9 Luftm übergehen und in die letzte Luftm die 1. Blüte nach der Häkelschrift arbeiten. Armausschnitt: Ab 2. R an der oberen Kante (nicht an der Blütenkante!) 1 M zunehmen. Für die Zunahmen in jeder R noch 1x 1 und 1x 3 und 1x 35 (37) Stäbchen zunehmen = 90 Stäbchen + Blütenkante.

Für den Halsausschnitt nach 11 (13) cm in jeder R 2x 2 und 3x 1 Stäbchen abnehmen = 83 Stäbchen + Blütenkante.
Nach 21 (23,5) cm = 24 (27) R ist die Mitte erreicht. Das Teil ab Mitte gegengleich weiterarbeiten, d.h. für den Halsausschnitt entsprechend M zunehmen, für den Armausschnitt entsprechend M abnehmen.
Nach 42 (47) cm = 48 (54) R ist das Rückenteil nach einer 6. R der Häkelschrift fertig.

Nun das Vorderteil gleich ab 7. R der Häkelschrift weiterhäkeln.
Armausschnitte arbeiten wie beim Rückenteil beschrieben, für den vor-

deren Halsausschnitt jedoch nach 11 (13) cm in jeder R 3x 3, 1x 2 und 1x 1 M abnehmen = 78 Stäbchen + Blütenkante.
Ab Mitte das Vorderteil gegengleich beenden.

Ausarbeitung:

Die Teile nach dem Schnitt spannen, anfeuchten und trocknen lassen. Die Nähte zusammenhäkeln oder -nähen. Den Halsausschnitt und die Armausschnitte mit 1 Rd fester M und 1 Rd Krebsmaschen behäkeln (Krebsmaschen sind feste M, sie werden jedoch von links nach rechts gehäkelt).

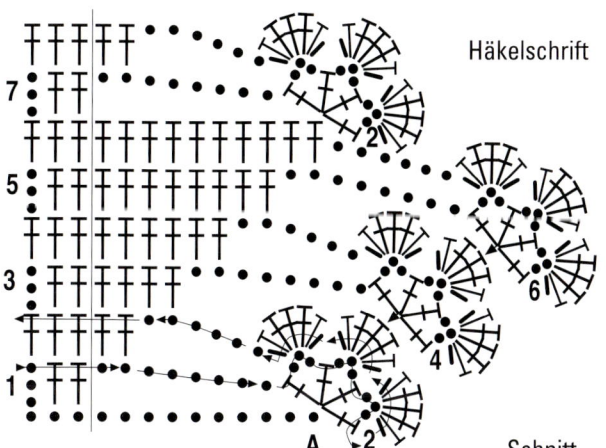

Häkelschrift

Zeichenerklärung

A = Anfang
▲ = Kettmasche
• = Luftmasche
| = feste M
T = halbes Stäbchen
⊤ = Stäbchen

Tipp

Die Anleitung für das Damenkopftuch finden Sie auf Seite 13.

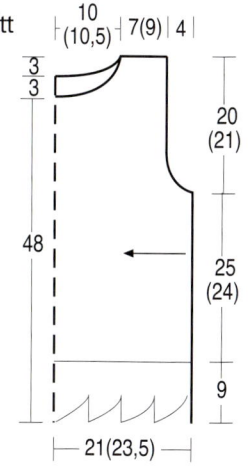

Schnitt

Buntes Damentop

Größe

36 – 38 und 40 – 42
Die Angaben für Größe 40 – 42 stehen in Klammern. Ist nur eine Angabe vorhanden, gilt diese für beide Größen.

Material

- Schachenmayr Catania (100 % Baumwolle, Lauflänge ca. 125 m/50 g)
  - 150 g in Fuchsia (Fb 128)
  - 100 g in Orchidee (Fb 222)
  - 100 g in Jaffa (Fb 189)
  - 100 g in Cyclam (Fb 114)
  - 100 g in Rubin (Fb 191)
- eine Häkelnadel Nr. 3,5

Grundmuster

Luftm-Anschlag teilbar durch 7 + 6.
Für die 1. R feste M häkeln = M-Zahl teilbar durch 7 + 5.
2. R: 3 Luftm, 2 Stäbchen in die 1. feste M, * 3 M der Vor-R übergehen, 1 feste M, 3 Luftm, 3 Stäbchen, ab * stets wdh., enden mit 3 M der Vor-R übergehen, 1 feste M in die letzte M der Vor-R.
3. R: 3 Luftm zum Wenden, 2 Stäbchen in die 1. feste M der Vor-R, * die Stäbchen der Vor-R übergehen, in den Luftm-Bogen der Vor-R 1 feste M, 3 Luftm, 2 Stäbchen häkeln, 1 Stäbchen in die feste M der Vor-R, ab * stets wdh., enden mit 1 festen M. Die 3. R stets wdh. In der Häkelschrift sind auch die Ab- und Zunahmen eingezeichnet.

Streifenfolge

Je 1 R Fuchsia, Cyclam, Jaffa, Orchidee und Rubin. Diese 5 R stets wdh., der Häkelfaden hängt immer dort, wo er benötigt wird.

Maschenprobe

33 M (4,5 Rapporte) und 12 R = 10 x 10 cm

Anleitung

Rückenteil:
146 (160) Luftm in Fuchsia anschlagen und eine R feste M häkeln = 145 (159) M. Dann im Grundmuster und in der Streifenfolge weiterarbeiten.
Armausschnitte: Nach 32 cm beidseitig am R-Anfang mit 3 Kettm die Stäbchen der Vor-R übergehen und die Schräge nach der Häkelschrift arbeiten. Nach 4 R ca. 4 R gerade hochhäkeln, dann diese M + 7 M in jeder 2. R wieder zunehmen.
Halsausschnitt: Nach 48 cm in der vorderen Mitte 49 M = 7 Rapporte unbehäkelt lassen und die Schräge über 4 R arbeiten, wie in der Häkelschrift eingezeichnet.

Häkelschrift mit Ab- und Zunahmen

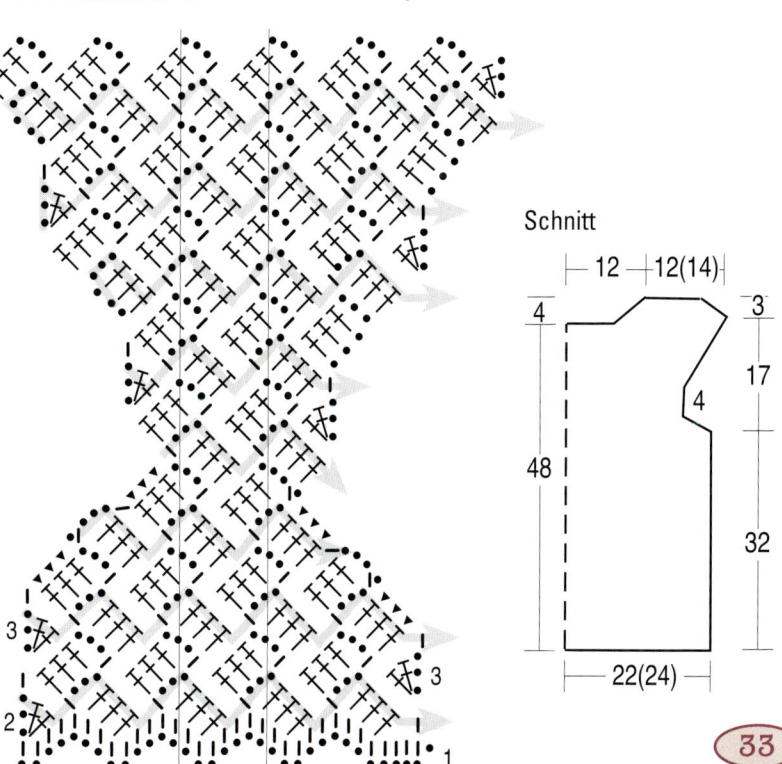

Schulter:
Schulter: Nach 49 cm beidseitig nach der Häkelschrift M abnehmen. Nach 52 cm ist das Teil beendet.

Vorderteil:

Wie das Rückenteil arbeiten, jedoch 1 R mehr häkeln, damit nicht zwei gleiche Farben an der Schulter aufeinander treffen.

Ausarbeitung:

Die Teile nach dem Schnitt spannen, anfeuchten und trocknen lassen. Arm- und Halsausschnitt mit 2 – 3 R fester M in Fuchsia behäkeln, dabei die Bogenkante am Halsausschnitt in der 1. R mit festen M und Stäbchen begradigen.

Zeichenerklärung

- ► = Kettmasche
- • = Luftmasche
- ┼ = Stäbchen

Schnitt

12 | 12(14)
4 | 3
17
4
48
32
22(24)

Buntes Kindertop

Kindergröße

98 und 104
Die Angaben für Größe 104 stehen in Klammern. Ist nur eine Angabe vorhanden, gilt diese für beide Größen.

Material

• Schachenmayr Catania (100 % Baumwolle, Lauflänge ca. 125 m/50 g)
  • 100 g in Fuchsia (Fb 128)
  • 50 g in Orchidee (Fb 222)
  • 50 g in Jaffa (Fb 189)
  • 50 g in Cyclam (Fb 114)
  • 50 g in Rubin (Fb 191)
• eine Häkelnadel Nr. 3,5

Grundmuster

Luftm-Anschlag teilbar durch 7 + 6. Für die 1. R feste M häkeln.
2. R: 3 Luftm, 2 Stäbchen in die 1. feste M, * 3 M der Vor-R übergehen, 1 feste M, 3 Luftm, 3 Stäbchen, ab * stets wdh., enden mit 3 M der Vor-R übergehen, 1 feste M in die letzte M der Vor-R.
3. R: 3 Luftm zum Wenden, 2 Stäbchen in die 1. feste M der Vor-R, * die Stäbchen der Vor-R übergehen, in den Luftm-Bogen der Vor-R 1 feste M, 3 Luftm, 2 Stäbchen häkeln, 1 Stäbchen in die feste M der Vor-R, ab * stets wdh., enden mit 1 festen M. Die 3. R stets wdh. In der Häkelschrift auf Seite 33 sind auch die Ab- und Zunahmen eingezeichnet.

Streifenfolge

Je 1 R Fuchsia, Cyclam, Jaffa, Orchidee und Rubin. Diese 5 R stets wdh., der Häkelfaden hängt immer dort, wo er benötigt wird.

Maschenprobe

33 M (4,5 Rapporte) und 12 R = 10 x 10 cm

Anleitung

Rückenteil:
111 (118) Luftm in Fuchsia anschlagen und eine R feste M häkeln = 110 (117) M. Dann im Grundmuster nach Häkelschrift (siehe Seite 33) und in der Streifenfolge weiterarbeiten.
Armausschnitte: Nach 24 (26) cm beidseitig am R-Anfang mit 3 Kettm die Stäbchen der Vor-R übergehen und die Schräge nach der Häkelschrift arbeiten. Nach 2 R ca. 4 R gerade hochhäkeln, dann diese M in jeder 2. R wieder zunehmen.
Halsausschnitt: Nach 33 (36) cm in der vorderen Mitte 35 M = 5 Rapporte unbehäkelt lassen und die Schräge über 4 R arbeiten, wie in der Häkelschrift eingezeichnet.
Schulter: Nach 34 (37) cm beidseitig nach der Häkelschrift abnehmen. Nach 37 (40) cm ist das Teil beendet.

Vorderteil:
Wie das Rückenteil arbeiten, jedoch 1 R mehr häkeln, damit nicht zwei gleiche Farben an der Schulter aufeinandertreffen.

Ausarbeitung:
Die Teile nach dem Schnitt spannen, anfeuchten und trocknen lassen. Arm- und Halsausschnitt mit 3 – 4 R fester M in Fuchsia behäkeln, dabei die Bogenkante am Halsausschnitt in der 1. R mit festen M und Stäbchen begradigen.

Schnitt

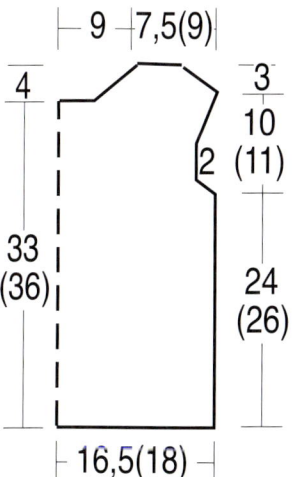

Kindergröße

110 und 116
Die Angaben für Größe 116
stehen in Klammern. Ist nur eine
Angabe vorhanden, gilt diese für
beide Größen.

Material

- Schachenmayr Catania
  (100 % Baumwolle,
  Lauflänge ca. 125 m/50 g)
- 350 (400) g in Azur (Fb 174)
- eine Häkelnadel Nr. 3,5
- sieben (acht) Knöpfe (von Union
  Knopf Art. 43059, Fb 64)

Grundmuster

Luftm-Anschlag teilbar durch 12.
Nach der Häkelschrift arbeiten: 12 M
Rapport + 7 M = 4 Filetkaros Rapport
+ 2 Filetkaros.
1x die 1. – 5. R häkeln, dann die
2. – 5. R stets wdh.

Jackenblenden

Die Kanten mit 1 R fester M
behäkeln, dabei um jedes Filetkaro
abwechselnd 2 und 3 feste M häkeln
= über 2 Filetkaros 5 feste M häkeln.

Maschenprobe

24 M (= 8 Filetkaros) und 10 R
= 10 x 10 cm

Anleitung

Achtung: Die Jacke wird bis zu
den Armausschnitten in einem Stück
gehäkelt. Alle Ab- und Zunahmen
sind auch aus dem Schnitt ersichtlich.
198 (210) Luftm anschlagen und nach
der Häkelschrift und dem Schnitt
arbeiten = 64 (68) Filetkaros.

Blaue Kinderjacke

Armausschnitte: Nach 21 (23) cm die Vorderteile über je 13 (14) Filetkaros weiterarbeiten, das Rückenteil über die mittleren 26 (28) Filetkaros häkeln, für die Armausschnitte bleiben 6 Karos unbehäkelt. Zuerst das Rückenteil weiterarbeiten, dabei nach 35 (38) cm für den Halsausschnitt die mittleren 8 Filetkaros unbehäkelt lassen und beide Seiten getrennt beenden. Für die Schräge in jeder R 1 Filetkaro schräg abnehmen. Nach 37 (40) cm ist das Teil fertig. Die Vorderteile über je 13 (14) Filetkaros getrennt beenden. Den Halsausschnitt nach 30 (33) cm nach dem Schnitt arbeiten. Nach 39 (42) cm sind die Vorderteile fertig.

Ärmel:
Der halbe Ärmel ist im Schnitt hellgrau unterlegt. 48 (54) Luftm anschlagen und nach der Häkelschrift und dem Schema arbeiten = 14 (16) Filetkaros. Die Zunahmen sind im Schnitt eingezeichnet. Nach 29 (33) cm ist der Ärmel beendet.

Ausarbeitung:
Die Teile nach dem Schnitt spannen, anfeuchten und trocknen lassen. Die Schulter- und Ärmelnähte schließen und die Ärmel einsetzen. Die Jacke mit 4 Runden fester M behäkeln, dabei die 7 (8) Knopflöcher am rechten Vorderteil in der 3. Runde wie folgt arbeiten: das 1. Knopfloch über dem 5. (4.) Filetkaro ab unterer Kante, dann über jedem 4. Filetkaro 1 feste M, 3 Luftm und eine feste M häkeln. In der folgenden Runde den Luftm-Bogen mit 4 festen M behäkeln, die M davor und dahinter übergehen. Die Knöpfe an das linke Vorderteil nähen.

Zeichenerklärung

▲ = Kettmasche

● = Luftmasche

❘ = feste Masche

╤ = Stäbchen

╤ = Doppel-Stäbchen

Häkelschrift für Grundmuster

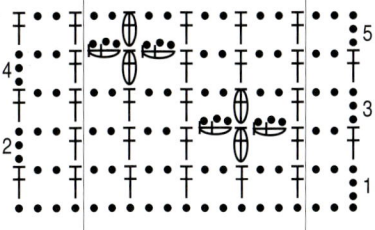

Häkelschrift für Zu- und Abnahmen

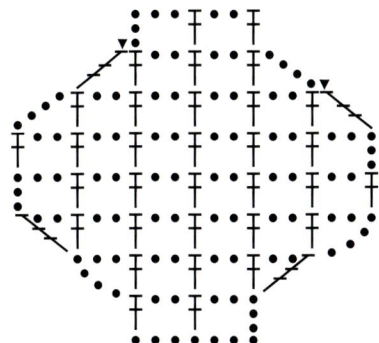

Ⓤ = 3 zusammen abgemaschte Stäbchen

⚬⚬ = 3 Luftmaschen, dann 2 zusammen abgemaschte Stäbchen häkeln

Schnitt für Größe 110

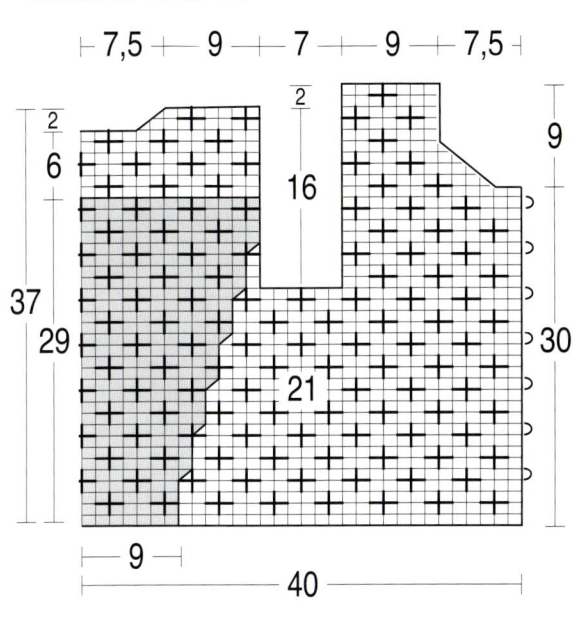

Schnitt für Größe 116

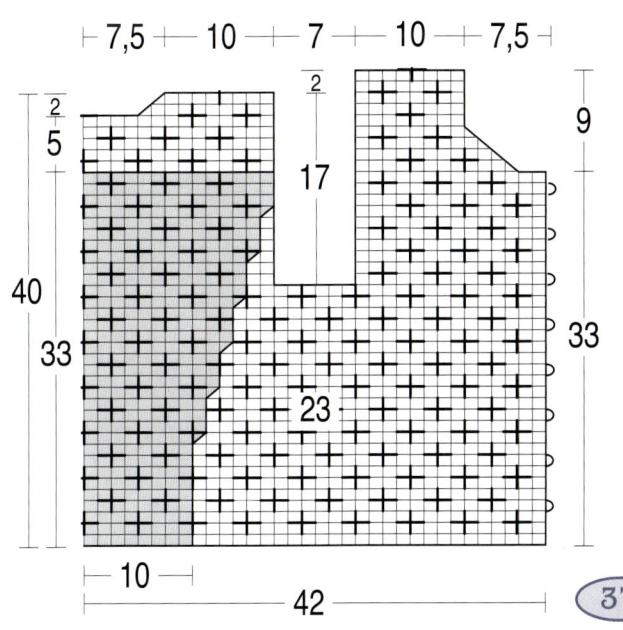

Weißer Pulli mit Blütenmuster

Größe

36 – 38 und 40 – 42
Die Angaben für Größe 40 – 42 stehen in Klammern. Ist nur eine Angabe vorhanden, gilt diese für beide Größen.

Material

- Schachenmayr Palazzo (55 % Baumwolle, 25 % Polyamid, 20 % Viskose, Lauflänge ca. 140 m/50 g)
- 450 (550) g in Weiß (Fb 01)
- eine Häkelnadel Nr. 3,5 – 4

Grundmuster

Das Filetmuster nach der Häkelschrift arbeiten.
M-Anschlag teilbar durch 24 + 16 (4) + 3 (5) M.
1x die 1. – 9. R, dann die 2. – 9. R stets wdh.
Die Blüten werden in der 3. und 7. R, gleich nachdem das offene Filetkaro durch das Stäbchen geschlossen wurde, gegen den Uhrzeigersinn um das Filetkaro gehäkelt: * mit 1 festen M in der Ecke beginnen, dann auf jede Seite 3 Luftm, 3 Stäbchen, 3 Luftm häkeln, ab * 3x wdh. und die Blüte mit 1 Kettm auf die feste M am Anfang beenden. Weiter im Filetmuster arbeiten, d. h. mit 3 Stäbchen das geschlossene Filetkaro nach der Blüte häkeln und die 3. und 7. R weiter nach der Häkelschrift beenden.

Maschenprobe

32 M und 11,5 R = 10 x 10 cm

Anleitung

Rückenteil:

139 (153) Luftm anschlagen und in die 5. (9.) Luftm von der Nadel aus das 1. Stäbchen häkeln, dann weiter nach der Häkelschrift gerade hochhäkeln = 136 (148) M. Für Größe 36 – 38 1x die M vor dem Rapport, 5x den Musterrapport, dann die 8 M nach dem Rapport häkeln. Für Größe 40 – 42 1x 2 M vor dem Rapport, 6x den Musterrapport, dann 2 M nach dem Rapport häkeln. Deshalb werden für Größe 40 – 42 in der 7. R die Blüten am Anfang und Ende nicht gehäkelt. Für die Ärmel nach 28 (26) cm beidseitig in jeder R 2x 15 M und 2x 12 M (4x 12 M) zunehmen = 244 M. Nach 48 cm (54 R) ist das Teil beendet.

Vorderteil:

Wie das Rückenteil arbeiten, jedoch für den Halsausschnitt nach 33 cm die mittleren 44 M unbehäkelt lassen und beide Seiten getrennt beenden.

Für die Ausschnittschräge am Innenrand in jeder 2. R 2x 3 M = 2x 1 Filetkaro abnehmen. Über die verbleibenden 94 M bis zu einer Gesamtlänge von 48 cm (55 R) häkeln.

Ausarbeitung:

Die Teile nach dem Schnitt spannen, anfeuchten und trocknen lassen. Die Nähte zusammenhäkeln oder -nähen. Den Halsausschnitt und die Ärmelkanten mit 1 Rd fester M und 1 Rd Pikots behäkeln. Für die Pikots * 1 feste M häkeln, 3 Lm und 1 Kettm in die 1. Luftm häkeln, dann 1 M der Vor-Rd übergehen, ab * stets wdh. Die untere Pullikante nur mit 1 Rd fester M behäkeln.

Zeichenerklärung

► = Kettmasche
• = Luftmasche
I = feste M
Ŧ = Stäbchen

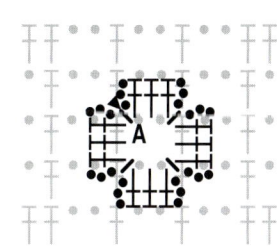

Schnitt

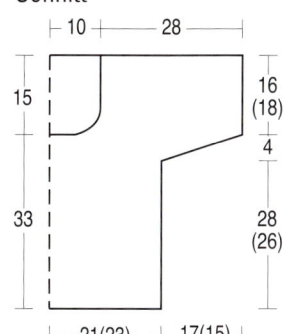

Häkelschriften

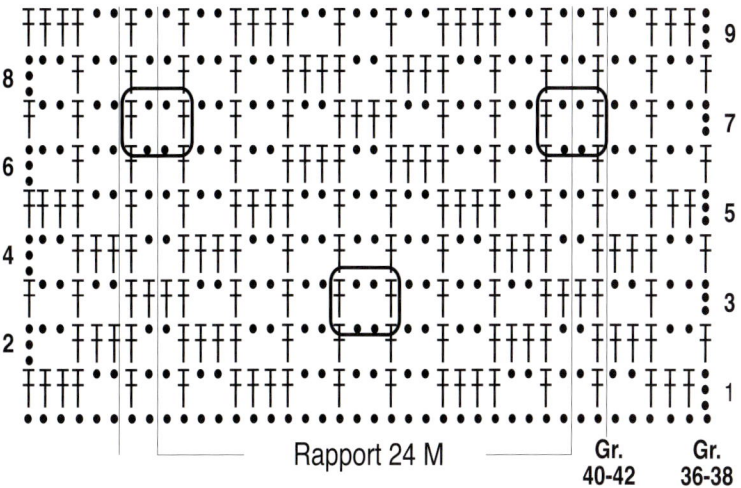

Rapport 24 M
Gr. 40-42
Gr. 36-38

Größe
36 – 38 und 40 – 42
Die Angaben für Größe 40 – 42 stehen
in Klammern. Ist nur eine Angabe vorhanden, gilt diese für beide Größen.

Material
- Schachenmayr Solero (100 %
  Polyamid/Tactel Microfaser,
  Lauflänge ca. 225 m/50 g)
- 100 (150) g in Bleu (Fb 53)
- fünf Döschen (= 50 g)
  farblich passende Rocailles,
  5 mm Ø (z.B. von Prandell
  Art. 5521 151)
- eine Häkelnadel Nr. 3 – 3,5

Grundmuster
Stäbchen häkeln, dabei stets
2 Stäbchen in eine Einstichstelle,
siehe Häkelschrift.
1x die 1. – 3. R häkeln, dann die
2. und 3. R stets wdh.

Bustier mit Perlenkante

Perlenkanten

Die Rocailles auf das Häkelgarn fädeln. Die Ausschnittkanten von der linken Seite mit festen M behäkeln, dabei nach jeder 2. festen M 1 Perle einhäkeln. Anschließend von der rechten Seite noch eine R Kettm ohne Perlen häkeln.

Untere Perlenkante

Die Rocailles auf das Häkelgarn fädeln. Die untere Bustierkante von der linken Seite aus mit festen M, Luftm und Rocailles behäkeln, siehe Häkelschrift.

Maschenprobe

20 M und 13,5 R = 10 x 10 cm

Anleitung

Achtung: Das Vorderteil wird 3 cm länger als das Rückenteil!

Vorderteil:

76 (84) Luftm anschlagen und das Stäbchenmuster nach der Häkelschrift arbeiten = 73 (81) Stäbchen + Ersatz-Stäbchen.

Für die Seitenschrägung beidseitig in jeder 4. R 4x 1 M zunehmen und diese M dem Grundmuster zuordnen = 81 (89) Stäbchen + Ersatz-Stäbchen. Nach 16 cm für die Armausschnitte beidseitig 1x 6 (8) M unbehäkelt lassen, dann in jeder R beidseitig 4 x 1 M abnehmen = 61 (65) Stäbchen + Ersatz-Stäbchen. Für den Halsausschnitt nach 29 cm die mittleren 38 (42) M unbehäkelt lassen und beide Seiten getrennt beenden. Für die Schrägung in jeder R 4x 1 M abnehmen = 8 Schulter-M. Nach 33 cm Gesamtlänge ist das Teil fertig.

Rückenteil:

76 (84) Luftm anschlagen und das Stäbchenmuster nach der Häkelschrift arbeiten = 73 (81) Stäbchen + Ersatz-Stäbchen.

Für die Seitenschrägung beidseitig in der 2. R 1x 1 M, dann in jeder 4. R 3x 1 M zunehmen und diese M dem Grundmuster zuordnen = 81 (89) Stäbchen + Ersatz-Stäbchen. Nach 13 cm für die Armausschnitte beidseitig 1x 6 (8) M unbehäkelt lassen, dann in jeder R beidseitig 4x 1 M abnehmen = 61 (65) Stäbchen + Ersatz-Stäbchen. Für den Rückenausschnitt nach 17 cm die mittleren 28 M unbehäkelt lassen und beide Seiten getrennt beenden. Für die Schrägung am Innenrand in jeder R 14 x 1 M zunehmen = 30 (32) Stäbchen + Ersatz-Stäbchen. Für den Halsausschnitt nach 28 cm am Innenrand die mittleren 21 (23) M unbehäkelt lassen und für die Schrägung in jeder 2x 1 M abnehmen. Nach 30 cm Gesamtlänge ist das Teil fertig.

Ausarbeitung:

Die Teile nach dem Schnitt spannen, anfeuchten und trocknen lassen. Schulter- und Seitennähte schließen, dabei an der Seitennaht die Überlänge des Vorderteils in Brusthöhe einhalten. Armausschnitte und Halsausschnitt mit der Perlenkante behäkeln, dabei werden für die Armausschnitte ca. 42 (46) Perlen, für den Halsausschnitt ca. 53 (59) Perlen benötigt. Den Rückenausschnitt mit ca. 42 Perlen behäkeln und an der Halsausschnittkante zusammenhäkeln, bzw. zusammennähen.

Die untere Perlenkante nach der Häkelschrift arbeiten, hierfür werden ca. 216 (246) Perlen benötigt.

Häkelschrift

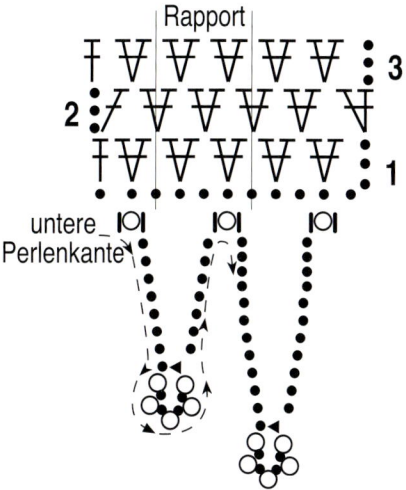

Zeichenerklärung

▲ = Kettmasche

● = Luftmasche

I = feste M

┼ = Stäbchen

⋁ = 2 Stäbchen in eine Einstichstelle

○ = Rocaille (Glasperle)

Schnitte

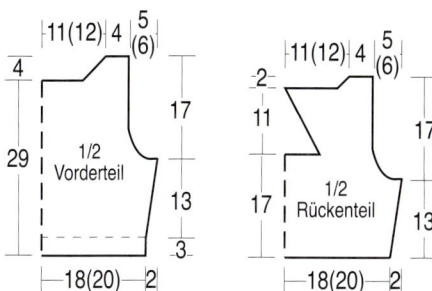

Top in Blau-grün

Größe
36 – 38

Material
- Schachenmayr Catania
  (100 % Baumwolle,
  Lauflänge ca. 125 m/50 g)
  - 50 g in Pfau (Fb 146)
  - 50 g in Maigrün (Fb 170)
  - Häkelnadeln Nr. 3,5 und Nr. 5

Grundmuster
Feste M und Stäbchen mit Häkelnadel Nr. 3,5 häkeln. Nach der Häkelschrift arbeiten. Man beginnt in der
Mitte mit dem kleinen Quadrat aus
festen M = 9 M und 9 R. Um dieses
Quadrat werden ringsherum je Seite
9 Lm und 1 feste M in die Ecke gearbeitet. Anschließend fortlaufend in
Rd Stäbchen häkeln, dabei werden
ab der 2. Rd auf jeder Seite 4 M zugenommen, d.h. pro Rd 16 zugenom-
mene M.

Streifenfolge
Das Quadrat in Maigrün, 1. Rd
= Luftm-Kette mit Eck-M in Pfau,
2 Rd Pfau, 2 Rd Maigrün, 3 Rd Pfau,
2 Rd Maigrün, 4 Rd Pfau, 3 Rd Maigrün.

Maschenprobe
21 M und 12,5 R = 10 x 10 cm

Anleitung
10 Luftm anschlagen und nach der
Häkelschrift und der Streifenfolge
arbeiten, bis das Quadrat ca. 32 x
32 cm groß ist (ca. 16 Rd Stäbchen),
dabei in der letzten Rd im Brustbe-
reich von * bis * (im Schnitt gekenn-
zeichnet) jedes 4. und 5. Stäbchen
zusammen abmaschen.
Die **Bindebänder** doppelfädig mit
Nadel Nr. 5 in Maigrün häkeln. Für
das obere Band eine 30 cm lange
Luftm-Kette häkeln, mit einer Kettm
in die Spitze anhängen und noch
30 cm Luftm häkeln. Diese 60 Luftm
mit 1 R Kettm behäkeln. Für die seit-
lichen Bänder je eine 30 cm lange
Luftm-Kette häkeln, in die Ecke ein-
hängen und mit 1 R Kettm behäkeln.

Zeichenerklärung

- ▲ = Kettmasche
- • = Luftmasche
- I = feste Masche
- ╪ = Stäbchen

Häkelschrift

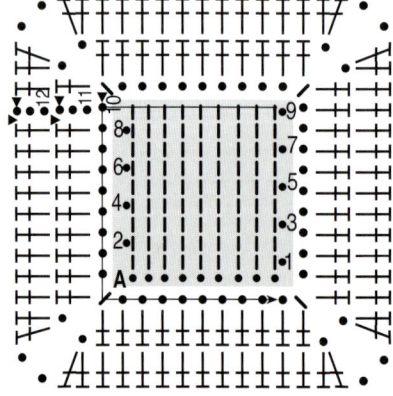

Schnitt

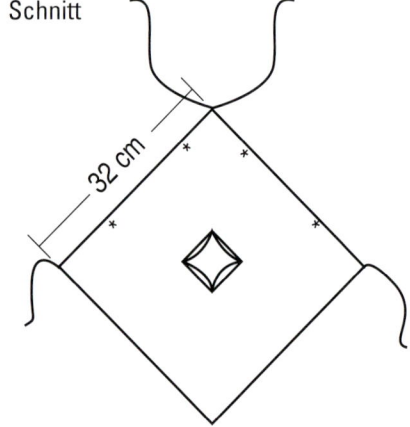

Top
Gestreiftes Top mit farbigen Einsätzen

Größe
36 – 38 und 40 – 42
Die Angaben für Größe 40 – 42 stehen in Klammern. Ist nur eine Angabe vorhanden, gilt diese für beide Größen.

Material
• Schachenmayr Paradiso (100 % Polyamid/Tactel Microfaser, Lauflänge ca. 60 m/50 g)
 • 100 g in Weiß (Fb 01)
 • 100 (150) g in Schwarz (Fb 99)
• Schachenmayr Catania (100 % Baumwolle, Lauflänge ca. 125 m/50 g)
 • 50 g in Cyclam (Fb 114)
• Häkelnadeln Nr. 5,5 – 6 und Nr. 2,5 – 3 (für die Häkeleinsätze)

Grundmuster
Feste M häkeln, dabei jede R mit 1 Luftm wenden.

Streifenfolge
2 R weiß, 2 R schwarz im Wechsel.

Häkeleinsatz
In Qualität Catania mit Nadel Nr. 2,5 – 3 nach den Häkelschriften arbeiten.

Maschenprobe
12 M und 11 R = 10 x 10 cm

Anleitung
Rückenteil:
41(46) Luftm in Schwarz anschlagen und im Grundmuster nach der Streifenfolge häkeln = 40 (45) feste M. Für die Seitenschrägung beidseitig nach 8 R 1x 1 M zunehmen, dann in jeder 4. R 4x 1 M zunehmen = 50 (55) M. Nach 27 (26) cm für die Armausschnitte beidseitig 1x 3 (4) M unbehäkelt lassen, dann in jeder R beidseitig 1x 2 M und 2x 1 M abnehmen = 36 (39) M.

Für den Halsausschnitt nach 40 cm die mittleren 18 (21) M unbehäkelt lassen und für die Schrägung in jeder R 1x 2 und 2x 1 M abnehmen = 5 Schulter-M. Nach 44 cm Gesamtlänge endet das Teil mit 1 R weiß oder schwarz.

Vorderteil:
Wie das Rückenteil arbeiten, jedoch für den tiefen Ausschnitt nach 24 cm die mittleren 10 (13) M unbehäkelt lassen und beide Seiten getrennt beenden. Für die Rundung am Innenrand in jeder R 1x 3 M, 1x 2 M und 2x 1 M abnehmen, in der folgenden 2. R noch 1x 1 M abnehmen. Nach 44 cm Gesamtlänge endet das Teil mit 1 R weiß oder schwarz.

Ausarbeitung:
Die Teile nach dem Schnitt spannen, anfeuchten und trocknen lassen. Schulter- und Seitennähte schließen. Armausschnitte und Halsausschnitt mit 1 R fester M und 1 R Kettm in Schwarz behäkeln.

Zwei Einsätze in Catania nach der Häkelschrift II arbeiten: Je 46 M anschlagen und in die 7. Luftm von der Nadel aus das 1. Stäbchen arbeiten, dann 1x die 1. – 6. R der Häkelschrift arbeiten. Die Häkeleinsätze unter die Ausschnittkante nähen. Zusätzlich zwei ca. 20 cm lange Träger in Cyclam nach der Häkelschrift I arbei-

ten, hierfür je 65 Luftm anschlagen und in die 8. Luftm von der Nadel aus das 1. Stäbchen häkeln, 1x die 1. und 2. R häkeln. Die Träger unter die Armausschnitte nähen.

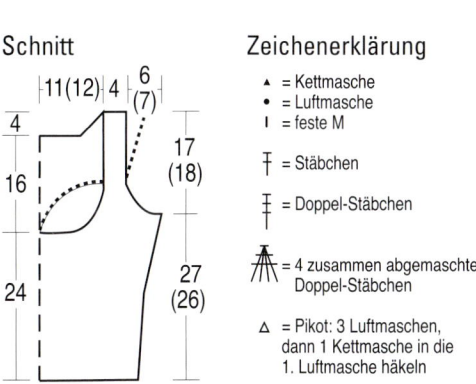

Schnitt

Zeichenerklärung
▲ = Kettmasche
• = Luftmasche
l = feste M
┼ = Stäbchen
╪ = Doppel-Stäbchen
⋀ = 4 zusammen abgemaschte Doppel-Stäbchen
△ = Pikot: 3 Luftmaschen, dann 1 Kettmasche in die 1. Luftmasche häkeln

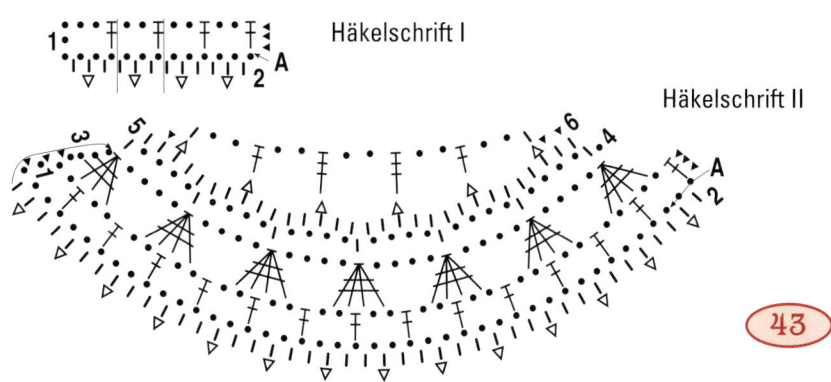

Häkelschrift I

Häkelschrift II

Größe

36 – 38 und 42 – 44
Die Angaben für Größe 42 – 44 stehen
in Klammern. Ist nur eine Angabe vorhanden, gilt diese für beide Größen.

Material

- Schachenmayr Catania
  (100 % Baumwolle, Lauflänge
  ca. 125 m/50 g)
- 250 (300) g in Hellblau (Fb 173)
- 100 g in Orchidee (Fb 222)
- 50 g in Sonne (Fb 208)
- 50 g in Cyclam (Fb 114)
- 50 g in Apfel (Fb 205)
- 50 g in Pfau (Fb 146)
- eine Häkelnadel Nr. 2,5 – 3

Grundmuster

Stäbchen häkeln, dabei stets
2 Stäbchen in eine Einstichstelle,
siehe Häkelschrift Grundmuster.
1x die 1. – 3. R häkeln, dann die
2. und 3. R stets wdh.

Netzmuster

Feste M und Luftm nach der
Häkelschrift Netzmuster arbeiten.
1x die 4. – 6. R häkeln, dann die
5. und 6. R stets wdh.

Blüten
(2-farbig und 6-blütig)

Nach der Häkelschrift arbeiten:
In einen Fadenring 3 Lm als Ersatz
für das 1. Stäbchen, 11 Stäbchen
häkeln = 12 M. Die Rd mit 1 Kettm
schließen.
2. Rd und Farbwechsel: * 5 Lm , dann
1 feste M zwischen 2 Stäbchen der
Vor-Rd häkeln, ab * 5x wdh.

3.Rd: Um jeden Luftm-Bogen der Vor-Rd 1 feste M, 1 Stäbchen, 1 Doppel-Stäbchen, 1 Luftm, 1 Doppel-Stäbchen, 1 Luftm, 1 Doppel-Stäbchen, 1 Stäbchen und 1 feste M häkeln. Die Rd mit einer Kettm schließen.

Den Anfangsfaden in den folgenden Rd einhäkeln, den Endfaden sehr lang lassen, um die Blüten aufzunähen.

Maschenproben
Grundmuster:
22 M und 14 R = 10 x 10 cm
Netzmuster:
55 M (= 5 1/2 Rapporte) und 12 R = 10 x 10 cm
Blüte: ca. 6, 5 cm Ø

Anleitung
Rückenteil:
104 (112) Luftm in Hellblau anschlagen und das Grundmuster nach der Häkelschrift arbeiten = 101 (109) Stäbchen + Ersatz-Stäbchen. Nach 30 cm für die Armausschnitte beidseitig 1 x 2 M unbehäkelt lassen, dann in jeder R beidseitig 4 x 1 M abnehmen = 89 (97) Stäbchen + Ersatz-Stäbchen. Über diese M in Orchidee im Netzmuster nach der Häkelschrift weiterarbeiten = 22 (24) Luftm-Bogen. Nach 50 cm Gesamtlänge ist das Rückenteil fertig.

Vorderteil:
Wie das Rückenteil arbeiten, jedoch für den flachen Ausschnitt nach 46 cm Gesamtlänge die mittleren 6 Luftm-Bogen = 60 M unbehäkelt lassen und beide Seiten getrennt beenden. Für die Schräge 4x in jeder R 1/2 Luftm-Bogen reduzieren, d.h. am R-Ende 1 feste M über dem letzten Bogen der Vor-R, am R-Anfang 3 Kettm bis zur Bogenmitte arbeiten. Nach 50 cm Gesamtlänge ist das Vorderteil fertig.

Ausarbeitung:
Die Häkelblüten nach der Anleitung/ Häkelschrift in freier Farbaufteilung häkeln. Für Vorder- und Rückenteil je 7 (8) Blüten anfertigen. Die Teile nach dem Schnitt spannen, anfeuchten und trocknen lassen. Schulter- und Seitennähte schließen. Den Armausschnitt im Netzmusterbereich mit festen M umhäkeln, dabei die Armausschnitte einhalten. Die Blüten über dem Farbwechsel auf Vorder- und Rückenteil aufnähen.

Zeichenerklärung

▲ = Kettm

● = Luftm

I = feste M

⊤ = Stäbchen

⩔ = 2 Stäb in eine Einstichstelle

⧧ = Doppel-Stäbchen

⟍•••⟋ = feste M, 3 Luftm, feste M, 5 Luftm

Häkelschriften

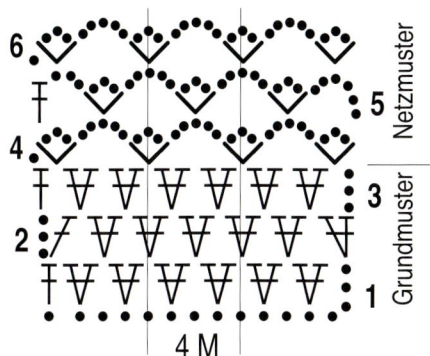

Blüten

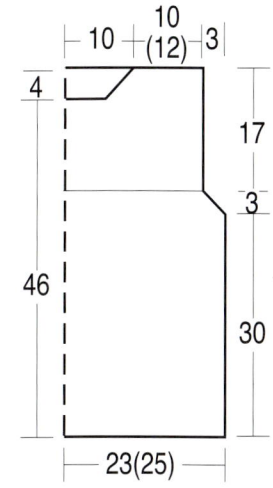

Schnitt

Stäbchenmuster

Stäbchen häkeln, dabei ab 2. R die
Stäbchen stets zwischen die
Stäbchen der Vor-R häkeln, siehe
Häkelschrift.
1x die 1. – 4. R häkeln, dann die
3. und 4. R stets wdh.

Netzmuster

Netzmuster aus 1 festen M und
5 Luftm häkeln, siehe Häkelschrift.
1x die 1. – 4. R häkeln, dann die
3. und 4. R stets wdh.

Borte und Einsatz

Borte nach der Häkelschrift arbeiten.
40 Luftm anschlagen, in die
5. Luftm von der Nadel aus das
1. Stäbchen häkeln und weiter nach
der Häkelschrift arbeiten.
1x die 1. – 12. R häkeln, dann stets
die 3. – 12. R wdh.
Für den Einsatz 32 Luftm anschlagen
und die 10 R nach der Häkelschrift
arbeiten.

Maschenproben

Stäbchenmuster:
19 M und 13 R = 10 x 10 cm

Netzpullover mit Borte

Netzmuster: 42 M (7 Luftm-Bogen) und 12 R = 10 x 10 cm
Borte: ca. 15 cm breit, Rapportlänge ca. 11 cm

Anleitung

Rückenteil:
87 (97) Luftm anschlagen und im Stäbchenmuster nach der Häkelschrift arbeiten = 83 (93) Stäbchen + Ersatz-Stäbchen. Nach 17 cm (22 R) im Netzmuster nach der Häkelschrift weiterarbeiten = 31 (35) Luftm-Bogen. Nach 46 cm Gesamtlänge ist das Rückenteil fertig.

Vorderteil:
Wie das Rückenteil arbeiten, jedoch für den V-Ausschnitt nach 26 cm Gesamtlänge die Arbeit in der Mitte teilen und beide Seiten getrennt beenden. Für die Schräge 13x in jeder R 1/2 Luftm-Bogen reduzieren, d.h. am R-Ende 1 feste M über dem letzten Bogen der Vor-R, am R-Anfang 3 Kettm bis zur Bogenmitte arbeiten. Über die verbleibenden 9 (11) Luftm-Bogen weiterarbeiten, bis eine Gesamtlänge von 46 cm erreicht ist.

Ärmel:
53 (62) Luftm anschlagen und 1 R feste M häkeln = 52 (61) M. Dann im Netzmuster weiterhäkeln, dabei in der 1. R auf die 1. M 1 feste M, dann auf jede 3. M 1 feste M häkeln, dazwischen je 5 Luftm = 17 (20) Luftm-Bogen. Für die Schräge nach 15 cm und noch 5x in jeder 6. R beidseitig je 1/2 Luftm-Bogen zunehmen = 23 (26) Luftm-Bogen. Nach 44 cm ist der Ärmel fertig.

Ausarbeitung:
Für das Vorderteil den Einsatz nach der Häkelschrift arbeiten: Hierfür 32 Luftm anschlagen, in die 5. M von der Nadel aus das 1. Stäbchen

häkeln und die 10 R nach der Häkelschrift arbeiten. Den Einsatz mit festen M und Luftm in den V-Ausschnitt häkeln, dabei zwischen den festen M stets 3 Luftm häkeln. Die Teile nach dem Schnitt spannen, anfeuchten und trocknen lassen. Für die untere Borte 40 M anschlagen, in die 5. Luftm von der Nadel aus das 1. Stäbchen häkeln und weiter nach der Häkelschrift arbeiten. Für Größe 36 – 38 den Musterrapport 8x , für Größe 42 – 44 den Musterrapport 9x häkeln. Der letzte Rapport endet mit der 11. R der Häkelschrift, dann die Borte zur Runde zusammenhäkeln. Die Teile zusammenhäkeln oder -nähen. Den Halsausschnitt mit 1 Rd feste M und Pikots umhäkeln = 3 feste M und 1 Pikot (besteht aus 3 Luftm und 1 Kettm in die 1. Luftm).

Häkelschriften

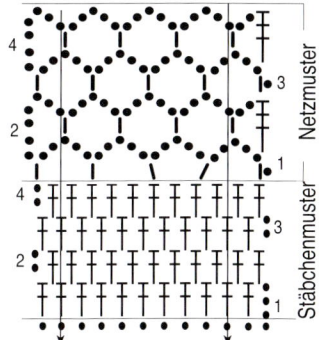

Schnitte

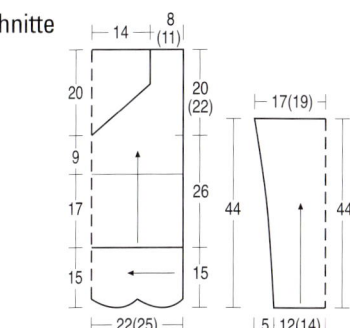

Zeichenerklärung

► = Kettmasche
● = Luftmasche
I = feste M
† = Stäbchen

Häkeleinsatz

Häkelborte

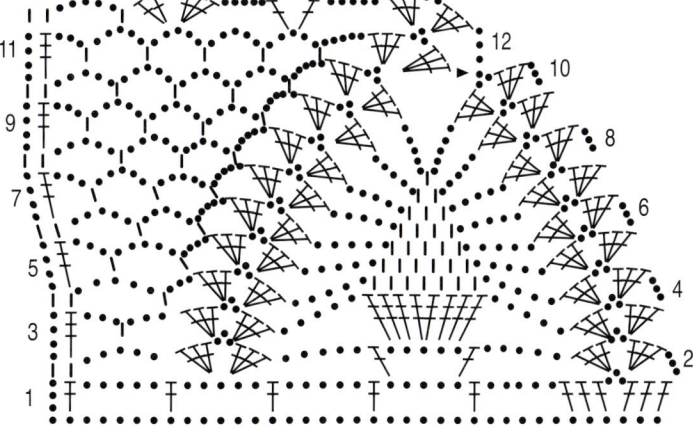

Bezugsquellen

Bezugsquellen

Garne

Schachenmayr-Wolle
Coats GmbH
Postfach 1254
73081 Salach

Knöpfe und Perlenborte

Union Knopf GmbH
Postfach
33687 Bielefeld

Rocailles

Creative Hobbies
Bamberger Strasse 21
96215 Lichtenfels

Impressum

Die Deutsche Bibliothek – CIP-Einheitsaufnahme
Ein Titeldatensatz für diese Publikation ist bei Der Deutschen Bibliothek erhältlich.

Die im Buch veröffentlichten Ratschläge wurden von Verfasserin und Verlag sorgfältig erarbeitet und geprüft. Eine Garantie kann dennoch nicht übernommen werden. Ebenso ist eine Haftung der Verfasserin bzw. des Verlages und seiner Beauftragten für Personen-, Sach- und Vermögensschäden ausgeschlossen.

Bei der Anwendung im Unterricht und in Kursen ist auf dieses Buch hinzuweisen.

Fotografie: Annette Hempfling, München (Seite 12, 14, 18, 20, 40, 43 und 44) und Schachenmayr GmbH
Lektorat: Margit Bogner
Umschlagkonzeption: Kontrapunkt, Kopenhagen
Satz und Layout: Wollinsky & Partner, München
Herstellung und Umschlaglayout: Karin Kristen

Augustus Verlag München 2002
© Weltbild Ratgeber Verlage GmbH & Co. KG.

Reproduktion: Litho Art, München
Druck und Bindung: Uhl, Radolfzell

Gedruckt auf 115 g umweltfreundlich elementar chlorfrei gebleichtes Papier.

ISBN 3-8043-0968-2

Printed in Germany